偏愛方向、擺放位置、自拍慣性、離奇事件……

手機
洩心機

你從不自知的82種暗示

手機心理學揭露

子陽，諾瓦　著

目錄

目錄

第四章　從發送動態的特點突破想要掩蓋的擬定手段

第五章　從偏愛的方向熟知即將成為可能的事實

目錄

第九章　從人際關係的好壞，預知行大運還是被疏遠

第十章　從自拍的慣性了解首當其衝的需求

第十一章　從手機的保養觀念預知你健康與否

第十二章 從神祕離奇事件還原最可能的現場

第十三章 從品格的修養斷定與之吻合的不二準則

序言

序言

現代的人可以說幾乎人手一部手機了，它也像跟班似的，總和它的主人形影不離。

手機看似無生命跡象可循，它內部的世界可是多采多姿。

翻閱一個人的手機，就等於翻閱他（她）的心靈史，什麼喜怒哀樂，什麼個性、品格……統統都有。

手機就是他（她）的心靈專家，能攻破他（她）的每一道防線，縱使他（她）多麼想隱瞞，縱使他（她）表裡不如一，手機都能一一道破！

手機絕不亞於你的柯南‧道爾，別以為手機對你無所保留，你永遠猜不透它在想什麼。

它那麼神祕，有時候鬼鬼祟祟，有時候又親切可人，看來，這一生注定著了手機的魔和道。

不過，手機還是基於你的出發點，它是你的隨從，也是你的助理，你的心事和點滴，它會有所記錄也會有所保留。

了解了你的手機，也就是了解了過去的你。

對於將來，你的手機已經有了很好的預測和掌握，它早就提醒你防患於未然，只是你注意到了嗎？

別說你懂它，你最大的敵人是你自己，你怎麼能深刻的了解它？

手機就像是一面鏡子，倒映著你的影像，對自己不熟悉的人就沒有資格說和手機的關係很不錯。

手機會判斷，你是真情實意，還是言不由衷，這些會在將來應驗！

它其實是你心裡的寄生蟲，與其這樣，還不如說，它是你的私人偵探，所有的魑魅魍魎全部無所遁形，沒有誰，能阻礙你強大！

序言

第一章

從手機的使用狀態探索天衣無縫的背後世界

◆ 為什麼要清除手機上的聊天紀錄？

【引子】

你有沒有發現身邊有這樣子的一些人，他們的手機總是保持得乾乾淨淨？你從上面看不出有什麼痕跡。

為什麼他們要清除手機上的聊天紀錄呢？這和他們的心理有關。他們不想把自己完全暴露在別人面前，懂得對隱私的維護，當然，他們也可能是心虛，做了虧心事，藉此消滅「證據」。

【情景再現】

薛靈芸剛遇見尤洛珈時，他是一個傻傻的男孩，看起來少不更事，又心地善良。

在薛靈芸了解尤洛珈一段時間後，更證實了自己的看法，尤洛珈不僅與世無爭，樂於助人，還心思單純，工作上進。

對於這樣的「好男孩」已經是千載難逢了，因此，薛靈芸越來越喜歡尤洛珈。他們開始交往了！

生活中的尤洛珈很幽默，像個孩子似的愛耍點淘氣，可能是尤洛珈家境窮困，他養成了勤儉節約、刻苦努力、勤奮好學、自信自強等品德。這讓薛靈芸對尤洛珈更愛不釋手！

薛靈芸放棄了對尤洛珈的防備，已經完全接受他了。

他們就這樣在平淡中很知足、快樂的生活著。

轉眼又到了一年年終，尤洛珈有很多話不知是不是要告訴薛靈芸，他也在心裡思量了很長一段時間，決定不能再隱瞞了。

「其實，」尤洛珈說，「我根本不叫尤洛珈，這只是我的一個藝名，我還有其他的藝名。」

　　薛靈芸一怔，但還是欣然的接受了。

　　尤洛珈接著說：「我也不是一個『正常』的上班族，我看起來是每天很忙碌，可能妳不知道，我在公司裡擁有絕對的自由和待遇。」

　　薛靈芸有點奇怪了，說：「像你這麼年輕，一定是很幸運，遇到了善待自己的老闆！」

　　尤洛珈搖搖頭說：「我跟妳說實話吧，我是一個明星，妳可以在網路上搜尋我真實的名字。」

　　薛靈芸頓時傻在那裡了，就打開手機上網去搜尋尤洛珈說出的這個「真名字」。

　　果然，他是另外的一個人，他的品德、他的才學、他的樣貌、他的智慧在網路上無人不稱讚。

　　薛靈芸很驚喜，但又覺得失落，說：「你為什麼不一開始就告訴我真實的自己呢？」

　　尤洛珈說：「我一直暗示、提醒，可是妳從來沒有留意到，沒有放在心上。」

　　薛靈芸細細的回想，才發現，原來他總是要清除自己在手機上的聊天紀錄，一旦有電話打來時，他都會避開薛靈芸去接聽，他的手機上的聯絡人也是用只有他才懂得的陌生符號標示，只有他才知道代表的人是誰……薛靈芸一直對這些有所懷疑，但從「尤洛珈」各方面的修養，薛靈芸相信他不是一個壞人。

　　果然，「尤洛珈」不僅不是一個玩世不恭的浪子，而且是社會中的頂尖人物。

　　薛靈芸覺得就像天上掉下了餡餅，沒有比這更幸運的了。既然「尤洛珈」今天向自己坦白，薛靈芸當然原諒了他。

　　他們愛得更勝於以前！

【專家剖析】

俗話說：「日久見人心。」但真的需要你用很長時間去判斷一個人嗎？

你有沒有留意到他（她）平時流露出來的小細節，為什麼他（她）要清除手機上的聊天記錄，答案一定是有內情的，如果你不去追根究柢，結果就會出乎你的意料。

上文中的「尤洛珈」及時清除聊天紀錄，是為了掩飾真實的自己，好在他光明磊落，是一個正人君子！

我們平時就可能不會這麼幸運了，有很多虛情假意的人圍繞在我們身邊，如果我們只對他（她）知之皮毛，就不再由表及裡，當真相大白之後，你一定會有「被背叛」的心理。

【小提醒】

· 他（她）為什麼會清除手機上的聊天紀錄？而且是那麼有規律，讓人看不出有絲毫破綻，一則是為了保護自己，二則在試探對方是不是值得自己和盤托出。

· 不要片面的認為對方現在的樣子就是真實的他（她），尤其是他（她）有清除手機上聊天紀錄的習性，他（她）的背後一定會隱藏著驚天的大祕密。

· 現在的人都喜歡保留隱私，及時清除手機上的聊天紀錄，會不至於「機密」外洩，會讓別有用心的人很難找到得逞的突破口。

◆ 為什麼他習慣把手機藍牙一直開著？

【引子】

在我們的手機上，藍牙是一種無線連接技術，可用於短距離的資訊傳送，如可以用它和其他帶有藍牙的手機或終端交換圖片、影片等。

藍牙還可以用於為居家提供更多創意和自由、解決辦公室環境的雜亂、連接在外移動中繼續通話、擴大社交圈等方面。

我們在使用手機的時候，常常覺得藍牙派不上用場，所以藍牙會處於關閉的狀態，這樣，還可以省電、省心。

但是，為什麼有的人的藍牙一直開著呢？

【情景再現】

盧少傑是一個計程車司機，每天開著計程車穿梭於城市的大街小巷是他的工作。

之前，盧少傑的工作是營養師，一天到晚很少使用手機，所以那時候盧少傑的手機藍牙總是處於關閉的狀態。那時，盧少傑認為，如果手機藍牙一直開著，有三大壞處：一是耗電量大，二是容易透過藍牙傳播手機病毒，三是對工作沒有實際用處。

自從盧少傑成為司機之後，公司需要他們開車用藍牙，並搭配了車用藍牙，只要盧少傑在車裡，手機藍牙一直是開著的狀態。

公司還替每一個司機配置了智慧手環、藍牙耳機，把每一個司機的藍牙設定成需要經過司機本人的同意才能連接……這樣，就沒有了很耗電、別人能用他的手機打電話、別人可以偷看他手機裡的資訊等顧慮。

所以，盧少傑的手機藍牙一直開著。

【專家剖析】

　　當我們認為開著藍牙沒有實際用處，還會有耗電多等不少擔憂，我們就會把手機藍牙關掉；當我們解決了對手機藍牙開啟中的那些顧慮，尤其是我們的日常工作和生活中需要時時用到藍牙，我們往往就會把藍牙一直開著。

　　如果是用得到的，它就會處於開啟的狀態；如果是沒用的，它就會處於關閉的狀態。

【小提醒】

· 如果一個人習慣把手機藍牙一直開著，那麼說明他經常需要用到藍牙，不然，一直開著藍牙的壞處那麼多，如果藍牙對他沒有一點實用，還一直開著藍牙，那只能說明他可能沒注意到了。

· 你手機上有這個功能，而他的手機上沒有，則說明他不使用這個功能，有可能是覺得這個功能對他沒有用處，或者是對這個功能不了解。

· 當一個人的手機藍牙一直處於開啟狀態，就說明他在使用著藍牙；反之，手機藍牙一直處於關閉狀態，就說明他沒有用到藍牙。

◆ 從手機拍照的喜好類別看懂人

【引子】

現在，我們的手機相機已隨我們的心願，能拍出我們想拍攝的照片。我們會根據自己的喜好，到合適的地點、在合適的時間，用我們的手機相機拍攝出想要的作品。

不過，每一個人的手機相機，所拍攝出來的類別是不一樣的。這是他們的工作所需嗎？不！他們的內心偏愛於這一類別，手機是個人的私有財產，手機上所拍攝的類別也是拍攝者內心的真實反應。

【情景再現】

方語蘭是家中的獨生女，她喜歡上了用手機拍攝，經常會一個人獨自遠行。但爸爸媽媽不放心她一個人出門在外，更希望她有一個穩定的職業，能結婚生子。

對於嫁為人婦，整天圍繞著老公、孩子團團轉，方語蘭一點也不感興趣。

為了能到想去的地方去拍攝，她自學了上網訂住宿，不用跟團，她更喜歡一個人出入大街小巷、深山老林。

在方語蘭的個人部落格、個人網站、Facebook 中，你總會發現各種亮麗的圖片，連方語蘭的所有大頭貼，也是一個個很有意涵的風景圖。你不會從那些照片中看到人物的場面，更不會看到方語蘭的個人照，所以，方語蘭發出的照片中沒有一張有她。

她的性格是沉默的、寡言少語的，她更喜歡表現自己的攝影藝術，而不是個人魅力。

不少人認為方語蘭其貌不揚，但事實恰恰相反，方語蘭是一個青春美少女，在外貌上絕不亞於一些當紅的女星。

正是因為這種對自己外貌的不關注、不在乎，讓方語蘭更能投入風景照的拍攝之中，可以預測，她不久會成為一個成功的藝術家！

【專家剖析】

心理學家認為，從手機拍照的喜好類別能看懂人。

現在的生活是闊綽多了，人們所拍攝的不僅僅是家庭的生活照，如果你發現一個人的手機上拍攝的大部分都是各地的風味小吃，那麼，這個人不光對旅遊感興趣，他對吃也有一定的研究。這種人往往家境富有，沒有生活和工作上的壓力，他總會有大量的時間，去了解各地的風俗人文，嚴格上來說，他並不是對地理感興趣，是當地的小吃吸引了他過去。

喜歡拍個人生活照的人，這種人往往樂於表現自己，他對自己目前的狀態很滿意，他也知道，相機能記錄他現在的瞬間，不然就錯過這個機會，再也回不來了，他很懂得珍惜光陰，當然這樣子的人也在一定程度上有自戀的傾向，他更喜歡看到的是別人的讚美，在與別人分享自己的照片有所收穫時，他會沾沾自喜。

喜歡用手機相機拍攝他人日常生活場景的人，這種人對「社會」很感興趣，他關心的不是自己的外貌，現今的各種社會形態是他的興趣所在，他往往是一個出色的攝影家，能深入各類族群，拍攝出優秀的照片，當然，這種人更偏愛於底層人物生活的點滴，那工作的場面、那辛苦後的欣慰，總能讓他莫名的感動，除非是專業的、特別服務於上層階層的，他的手機相簿裡你很難看到那些達官貴人的生活，因為他從心裡厭惡，那些說著要讓人們過好日子而自己卻揮金如土，讓人們有苦無處訴說的所謂的領導者。

如果他習慣用手機拍攝動植物，這種人往往有愛心，但他們這種悲天憫人之心，往往無法讓他們無法在詭譎多變的社會中占優勢，連他都不知道什麼時候遭到了排擠，他很少是領導者。

如果他習慣用手機拍攝風景照片，這種人的審美觀不是著重於人的顏值，對俊男美女往往會覺得沒有拍攝的欲望，他一定不適合在娛樂圈裡，他更感興趣的是那些旖旎的風光，包括日出、日落、草原、沙漠，他們往往會不辭辛苦，千里迢迢的去當地拍攝那些難得一見的一瞬，這樣的人大部分不在乎是非成敗，對人生中的大起大落，他們已經抱有了一顆平常的心，更願意隨遇而安，這樣的人很少會追逐名利的，他們為人也往往很誠實、穩重，對社會中的新鮮事物，他們能接受的就接受，不能接受的就置之不理，如果他們對某個優秀的人物感興趣，可能會在背後默默的支持那個優秀的人物，這樣的人不會嫉惡如仇，即使身邊有不公平的事發生，他們也會抱著「與我何干」的心態，結果這一類人有可能大智若愚、厚積薄發，也有可能碌碌無為過一生。

上文故事的方語蘭，喜歡用手機拍攝風景，說明她已經有了一顆平靜、淡泊之心！

【小提醒】

· 我們喜歡用手機拍攝哪一個類別，就看看是你工作上的需求，還是你隨心所欲，有時候我們工作上被嚴格要求拍攝某一個類別的照片，漸漸的我們就可能喜歡上拍攝那種類別的照片。

· 如果一個人很少用手機相機拍照，那麼說明這個人往往在得過且過，他各方面會充滿消極，即使有時候表現得很勤奮，也只是在應付。

· 如果一個人的手機相機拍攝的照片類別總是雜亂無章，也就是說

他今天拍這一個類別，明天就換成了另一個類別，而且無論遇到什麼樣的，只要他感興趣他就會拍攝，這樣的人往往沒有明確的目標，但為人單純、少有心機，這樣的人也很正直，更多情況下會樂於助人，但正是因為他的這種隨波逐流，很難成為某一個領域的出類拔萃者，大多數平平淡淡的過一生。

◆ 習慣將手機握在手裡是有豪情壯志的展現

【引子】

在大街上，你有沒有看到這樣的一些人，他神情自若的漫步著，你再去留心，他穿著得很樸素，根本不去打扮。尤其是在夏天，他穿著拖鞋、短袖、短褲，旁若無人的每天從你面前走過。再告訴你一個很有趣的現象，他幾乎都是在早上別人都沒有醒來的時候走在大街上，或者是在傍晚路邊的很多店鋪都打烊了，他這一次漫步之後就會回到家裡後洗洗睡了。

在其他的季節，包括夏天，只要他住在附近，每天所走的路線幾乎一致，而且時間區段大部分很雷同。

他到底是一個什麼樣的人呢？

你有沒有注意到一個很重要的資訊，他總是把手機握在手裡，而且大搖大擺，顯得很隨便。

注意了，這一類人可不是一個普通人，他有著豪情壯志，可能不久後是某一個領域的頂尖人物。

【情景再現】

時常的，崔奇致會漫步在大街上。他風華正茂，長相也很帥氣，為什麼總是一個人呢？他的女朋友呢？

好奇心促使人們去留意，崔奇致根本沒有女朋友。像他這個階段的男生，不是恩恩愛愛到了火熱的地步，就是娶妻生子有了一個幸福、和諧的小家庭，為什麼他會單身呢？是他健康上有什麼問題嗎？不，他之所以選擇單身，是要把大好的年華和時光都投入到工作和事業當中。

崔奇致的出身不好，他家裡可以說是一窮二白，為了在這個殘酷的社會中不至於虛度一生，他不得不比別人付出多倍的努力。

苦難並沒有摧毀他的意志，反而讓他奮發向上，一定要做出一番成績。

雖然不停的遭到社會的打擊和拋棄，崔奇致的初心始終不變。崔奇致認為，只要念頭是偉大的，朝著那個方向不放棄，他最終就會脫胎換骨，當初嘲笑他的人也會改變對他的認知。

理想是美好的，追夢的過程卻是異常坎坷的。但崔奇致樂在其中，除非是在重要的場合，崔奇致一定會很帥氣的出場，只是在這大街小巷，幾乎沒有人認識他，何必刻意的去偽裝呢？

崔奇致喜歡搬家到一個陌生的地方，那樣會更陶冶他的性情、涵養他的靈性。反正別人又不會太注意他，穿得邋遢些又如何？

崔奇致為什麼會這樣，還有一個原因，他最近在處理一些事情，他需要全心全意的去投入，他心裡想的都是那些事情，哪有閒情逸致顧及自己外貌的裝扮呢？

他在路上走著的時候，手機會一直開著，萬一別人打電話給他了怎麼辦？他有時候會把手機網路關閉掉，除非是有必要，例如，某個朋友很可能在這一段時間留言、傳訊息給他，他就可能把網路連接上，當發現手機上並

沒有新的通知時，他往往又會把手機的網路關掉，然後把手機握在手裡，搖搖擺擺的在人行道上走著。

要是遇到讓自己特別感興趣的事情，崔奇致有可能錄影片或者拍照，這對他來說很有價值和意義。

崔奇致已發現了在附近有哪一條道路最值得自己走，他會從附近所有的道路中選擇一條自己最喜歡的，然後每天堅持一個單趟，或者兩個單趟、三個單趟。他會從自己的住處出發，按照逆時針或者順時針再回到自己的住處。

很多人並不知道，在廉價的貧民區，隱藏著一個金鳳凰。

他與同齡的人相比，所獲得的成就是他的同齡人望塵莫及的！

【專家剖析】

心理學家認為，習慣將手機握在手裡的人，這一類人是有豪情壯志的展現，他們對生活充滿著熱情，會爭取每一分鐘都不虛度。

這樣的人不甘於平庸，更願意一生中做出貢獻。即使他們人窮但志不窮，他們總會滿懷希望，去開闢一片屬於自己的藍天。

在遇到打擊之時，他們也會有失落，但不久後又會再一次的振作起來，投入到別人不能理解的遠大前程當中。

這一份付出是有回報的，天道酬勤，他們最終會鹹魚翻身，成為擁有大愛的人！

【小提醒】

· 習慣把手機握在手裡，你會留意到，這樣的人很少會在乎別人的眼光，他每天按照既定的路線從不中斷，很明顯，他有著很強的原則，最近一段時間還有可能是在「閉關」。

· 習慣把手機握在手裡的人，其志向一定是常人不能比的，他們又

充滿豪情，即使處處不盡人意，他們總能冷靜、微笑著面對。

· 別看他握著手機，他並不是為了和別人閒聊的，只是擔心有人找他有急事，所以，你會看到他只會握著手機走著，並不會主動撥打電話給別人的，要是他確實有撥打電話的可能，那麼他撥打的對象一定是他的父母或者主管，或者是很要好的同事、朋友，一般的人是不會入他的法眼的，他也往往心地善良、愛恨分明、大公無私。

♦ 每天更新 Facebook 的人勇於向壓力挑戰

【引子】

Facebook 是當今很流行的一個社群網站，在全球很多國家擁有忠實的使用者。每天，Facebook 上的更新是有目共睹的！它也是世界排名第一的照片分享站點。

當你註冊了 Facebook 的帳號之後，你是為了去查看其他使用者分享和關注的熱門話題？還是要在 Facebook 上發表一些自己的見聞所得？

Facebook 有很多種用處，你在某一項中的具體投入影射著你的心理特點。

【情景再現】

山繆是一個自由職業者，他有喜歡觀看他人最近新聞動態的衝動。山繆認為這樣很流行，不會被社會輕易拋棄！

特別是在山繆愛上了 Facebook 之後，他有了自己的帳號，發表自己最想讓大家知道的事情已經是當務之急。所以，每當山繆有想與他人分享的事件後，用手機登入 Facebook 是首選！

後來，山繆要照顧生病中的妻子，就沒有那麼多時間花費在 Facebook 上了。有一段時間，山繆的 Facebook 沒有更新，他的很多朋友還以為山繆對 Facebook 失去了興趣呢！

當妻子病癒之後，Facebook 又成了山繆心思分享的搖籃。他有很多話要與別人說，Facebook 上的朋友幫他解決了心中的疑難。山繆這才發現，Facebook 會分享自己的各種心情，讓自己快樂升溫、憂傷減半！

從此，無論是簡單的、複雜的、高興的、讓人氣憤的……Facebook 都成了他溫暖心靈的港灣，山繆度過了一個又一個春夏秋冬！

【專家剖析】

當你去觀察朋友的 Facebook，發現他們有的 Facebook 已經好久沒有更新了，有的一個月更新一次，有的半個月更新一次，有的一天更新無數次……他們更新 Facebook 的頻率，不僅說明了他們的心事，還能看出他們的品格。

每天更新 Facebook 的人勇於向壓力挑戰，為什麼這麼說呢？因為生活中酸甜苦辣幾乎什麼樣的事情都會發生，他更新 Facebook 也是處在不同的心情和狀態下。尤其是堅持每天更新 Facebook，對人生中的各種冷暖能夠從容的去應對了。他很少會被別人的觀點所左右，他有自己的判斷，對於那些支持他的人，他會感恩，對於那些誹謗、謾罵他的人，他不會過多計較，總能夠寬容、坦然的處理！

這樣的人是奮發勇為的，外界的壓力反而能成為他的墊腳石。他不怕失敗，對於身上的負擔，他已經懂得如何去減輕了！

【小提醒】

· 每天更新 Facebook 必然會遇到大大小小的各種瑣碎雜事，那些無論是別人追捧的，還是詆毀的，都能夠一笑帶過，可見其承受能力之強。

· 更新了一段時間就從此以後不再更新 Facebook 的人，也說明了問題，在他心中，Facebook 已不再是他理想的心靈傾訴管道，有別的取而代之。

· 間斷的更新 Facebook 的人，這樣的人往往很隨性，會認為有些心事分不分享都可以，當有時間、有心事的時候，他會在 Facebook 上分享，沒有時間、沒有心事的時候就不會分享了。

♦ 時不時的翻看手機日曆有助於不拖延

【引子】

在我們的手機上，日曆是必不可少的，不然今天是何年何月何日，我們往往會丈二和尚摸不著頭腦。要是下月初，你的朋友邀請你參加一個聚會，沒有手機日曆，你是如何確定還有多久到那一天呢？

手機日曆，記載著我們的過去、現在和將來，會無形的影響著我們的情緒和行為。翻閱手機日曆，就如同在翻閱自己的心理日曆，各種喜怒哀樂在其中像一幅幅畫卷，展現在我們面前。

科學研究認為，對於要為生存奮鬥的族群來說，當他在一個星期中翻看手機日曆時，情緒會在這七天中遵循著一定的變化規律。在週一，他翻看手機日曆，有近八成的可能會表現為情緒低落，據德國的一項調查顯示，週一是上班族請假的高峰期，也在這一天，他往往會精力渙散、注意力不集中；

在週二，他翻看手機日曆，這時候的他主觀意識最強，更樂意付出，據英國的一項調查顯示，大部分的人會在週二午休的時間放棄午休，有兩成的人會在這一天加班；在週三，他翻看手機日曆，這一天他狀態適中，精力旺盛，但這一天同樣是他一週中最無聊的一天，上週的餘味已經消失，下週又遙遙無期，他會在進退兩難中；在週四，他翻看手機日曆，這時候往往是他辦事最困難的一天，經過三天的高強度工作，他的思維往往不夠靈活，這時候建議不要太用腦子，稍微放鬆很不錯；在週五，他翻看手機日曆，這一天他會當機立斷，且品質、效率上都有保障，因為他知道明天就可以減壓了，所以他今天心情輕鬆；在週六，他翻看手機日曆，可能很煩惱、無聊，不知該做什麼，他只有睡覺、漫無目的的狂歡；在週日，他翻看手機日曆，會有種緊迫感，再不休息就晚了，他會拋開所有的顧慮，享受著幸福和甜蜜。

那麼，如果時不時的翻看手機日曆，他的情緒是如何呢？心理學家證實，時不時的翻看手機日曆的人，他的情緒不會有太大的起伏，情緒會逐漸趨於穩定，而且還具有了「不拖延」的優點。

【情景再現】

向博贍和一家公司達成了合作，約定在三個月中完成該專案。別看向博贍一副不急不躁的樣子，別人都拚命工作時，他卻在那裡睡大覺或者遊玩。向博贍有自己的計畫，規定每天要完成總專案的百分之一點五，這樣三個月九十天就可以在第六十七天完成。

如果今天有其他的事情，他沒有去處理該專案，或者只完成了專案總進度的百分之一，那麼，最近這三天內，一定要完成總進度的不低於百分之四點五。所以，向博贍經常要查看手機日曆，以三天為一個單元，爭取每個單元完成的進度都不低於百分之四點五。

這樣，向博贍進展得很順利，也很輕鬆。他有時候一天中高興，會當天

完成總進度的百分之二，但和這一天為一個單元的其他兩天他不會鬆懈，以至於這三天他可能完成總進度的不低於百分之六。

手機日曆使向博贍心裡有了一個衡量的標竿，他時不時的翻看手機日曆，可以用來自我反省和檢討。

事實證明，向博贍不需要等到第六十七天才能完成專案，他在第五十天就大功告成了。

與客戶約定的是三個月九十天，所以在剩下的四十天中，向博贍可以為自己放一個長假，幸甚至哉！

【專家剖析】

時不時的翻看手機日曆，會讓你心裡一直有個譜，你還有多少天在這件事情上可以讓你發揮了。

如果前一段時間被你荒廢了，那麼接下來剩餘的時間裡你一定要加倍努力。你的這種付出，會讓你提前完成任務。

手機日曆就比如一個參照物，讓我們每一天的行為都有跡可循。經常翻看手機日曆的人，會嚴格的要求自己，一定不能把事情拖得太久，他會爭分奪秒的提前完成。

與此相反，如果長久的不看手機日曆，臨陣才磨槍，往往是馬馬虎虎、敷衍了事的展現。

心理學家認為，時不時的翻看手機日曆有助於促進你的活動意識，會讓你心中有一個迫切的願望「不能半途而廢」，這時候你的活力和拚搏進取的積極性往往會被激發，你的思維也會得到前所未有的拓展，那麼，你所獲得的成果，自然是效率和品質都大大提升！

【小提醒】

- · 經常翻看手機日曆，會讓我們掌控時間，會凡事提前有所準備。

- · 經常翻看手機日曆，會讓我們對最近的回憶、經歷有所總結，進而了解自我，採取更有效的措施。

- · 經常翻看手機日曆的人，時間觀念性很強，人生路上很少有大起大落，但他的一生一直在前進中，從未倒退。

第二章

從設定的方式反映無法迴避的理念

◆ 手機螢幕保護的風格源於對美的追求

【引子】

隨著手機的更新換代，手機螢幕保護也成了熱門的話題。手機的顏值如何？它的螢幕保護不可或缺！

一般來說，螢幕保護程式的分類有三種：圖片螢幕保護程式、音樂螢幕保護程式、動畫螢幕保護程式。在手機的使用上，圖片螢幕保護程式很常見。

下文以手機的待機的圖片來說一說是如何影響手機的整體格調的！

在這些手機待機的圖片中，有很多種可供選擇，比如風景的、明星的、卡通的、非主流的等。

當你打開手機時，不同的待機圖片會讓你留下不同的印象。

你會關注圖片的表現力、色彩的變幻，你可能根據自己的愛好對操作介面的圖像添加一些特色，形成諸如個性簡約創意設計、寫意古風水墨山水畫、個性字母唯美風景、動漫遊戲 CG 創意圖像、Material Style 簡約、唯美 LOVE 愛情、可愛背景控、唯美中國風、油畫抽象藝術、星空唯美、薄荷綠小清新、手繪古裝美男帥氣、條紋純色系小清新、情侶專用一人一半、正能量勵志文字、創意西方色彩等手機操作介面的風格。

可以說，每個人設定的手機操作介面的圖片都各有風格，這是他精挑細選出來的，既會讓自己的手機好看、有個性，同時也反映了他這一保護手機螢幕的初衷。

【情景再現】

在賴綠真第一次擁有自己的手機時，一打開手機，就會看到螢幕保護程式上的白色紙質紋理的背景圖片，賴綠真對這個並沒有在意。

在使用手機幾個月後，賴綠真忽然察覺白色紙質紋理很空洞，會增加自

己每次使用手機時的單調、乏味心理。就把螢幕保護上的畫面換成了幾隻飛翔中的天鵝，看著新的螢幕保護畫面，賴綠真很興奮、自在！

時間一長，賴綠真認為，自己種植的幾盆多肉植物很不錯，尤其是那一盆亭亭玉立像凌波仙子的虎刺梅，比天鵝好看多了，要是經常能見到虎刺梅那該多好啊，於是，賴綠真把手機螢幕保護的畫面設定成了虎刺梅。

後來，賴綠真交了男朋友，她也搬到了新的住處，雖然虎刺梅也跟著搬了過去，賴綠真發現，男朋友比虎刺梅可愛多了，於是，她挑出一張最滿意的男朋友的生活照，用來取代了螢幕保護上的虎刺梅。

在和男朋友交往的同時，他們在一起會拍攝新的照片，當賴綠真遇到讓自己眼前一亮的圖片時，往往會用來取代手機螢幕保護上的那張。

這樣的日子一直持續著，直到賴綠真結了婚，有了孩子，她還沒有忘記對手機螢幕保護的打造。賴綠真說：「手機的螢幕很重要，螢幕是人機互動的圖形使用者介面，那麼，使用者介面的圖像就有著關鍵的作用。我們不斷的更新圖像，其實是我們心靈欣賞美的一種享受！隨著時間的推移，我們對美的感官也有所改變，這一改變會在手機使用者介面的圖像中得到顯現。」

【專家剖析】

手機螢幕保護展現在多個方面，如觸控螢幕、螢幕保護貼、螢幕鎖、桌布等，這些對保護個人隱私和保護手機螢幕的待機狀態大有作用，還可以省電、防止螢幕顯示損壞和螢幕被劃傷等。我們可以根據個人的愛好和興致來設定手機螢幕保護，這些不同的風格除了對創新有所要求，還表現了一個人愛美的層次，他會讓自己的手機變得與眾不同，視覺、手感都提高，這一份對風格的設計和確定來源於他對美的追求。

想想，誰不想讓自己的手機更美觀、更有品味，在手機螢幕保護上會展現他的這種希冀。

【小提醒】

· 他為什麼要對手機螢幕保護進行改造，無非是源於內心認為自己的手機應該是什麼樣子的最好，他難以改變手機的基本結構及組成，因為他幾乎不可能是商家或者技術人員，手機螢幕保護就成了達成所願的切入點，手機螢幕保護的風格，無論是從桌布，還是從螢幕保護貼等方面上來說，和他對美的塑造和要求有莫大的關聯。

· 設計手機螢幕保護，會讓手機煥然一新，滿足了你「擁有了想要的那部手機」的心理需求。

· 螢幕保護以好看、個性、實用為原則，會讓你喜歡上自己的設計，每天滿滿好心情！

◆ 聊天軟體顯示線上、隱身、忙碌，各持什麼心態？

【引子】

在很多人的手機上，你會發現安裝了聊天用的社群軟體。

在登入聊天軟體時，有三種常見的顯示狀態：線上、隱身、忙碌。

別以為這三種狀態下人們的心情是一樣的，不同的人處在不同的階段登入軟體，他的心思也是有所差異的。

你好奇這些人背後的心態嗎？

【情景再現】

在楊劍豪 1999 年第一次註冊成為聊天社群軟體的使用者時，那時候他

還是一個大學生。

對於這個新鮮的產物，加上大學生活的諸多無趣，聊天軟體成了他經常使用的工具。

無論是在上課，還是在課餘時間，無論是在傍晚，還是在吃飯的午間，楊劍豪只要雙眼睜開著，他的聊天軟體狀態一定是在線上的。

他總要去查看自己的手機，看看有誰和自己聊天了。

那時候，楊劍豪覺得有別人找自己聊天是一種幸運。所以，對每一次別人的主動，楊劍豪都願意花費更多的時間去回應、答覆。

如果長久沒人找他聊天，楊劍豪就主動的在好友名單中選擇性的去聊天了。

楊劍豪認為，大學生活有了聊天軟體真是豐富多彩！

轉眼 2002 年，楊劍豪大學畢業了。社會上的生存並不是他想像中的那麼簡單，在剛開始工作的前三個年頭裡，只要是在上班的時間，很少有老闆會允許他登入聊天軟體的。楊劍豪每天要與工作打交道，而且每天都累得筋疲力盡，楊劍豪好懷念大學的時光！

在那前三個年頭裡，楊劍豪很少登入聊天軟體，即使登入了，也多數處於忙碌狀態，生怕正聊得起勁時，老闆一個電話，他不得不乖乖的去做其他的事情。

2006 年，楊劍豪在工作上有了經驗，這時候他的聊天軟體是用於工作的工具了。當然，在上班的時間他會設定為隱身，一旦老闆找他，他馬上把設定改為線上狀態，並回覆老闆。這時候，楊劍豪很少再找工作之外的陌生人聊天了，他認為那樣沒有意思。所以，有一些聊了幾年的好友向楊劍豪打招呼時，他看著覺得必要、感興趣就會回覆，如果實在沒有興致，就懶得搭理，反正自己處於忙碌狀態，對方也不知道他是否看到了發送的訊息。

後來，楊劍豪換了很多種工作，才知道不同的職位對聊天軟體的線上狀

態有所要求的。

如果公司要求他在上班時間的聊天軟體應處於隱身狀態，而在那一段時間會有工作外其他重要的人物找他，他又需要把設定改為線上狀態。所以，楊劍豪就註冊了好幾個帳號，每個帳號都有不同的分工！

為了更方便，楊劍豪還會在手機登入聊天軟體的同時，用電腦登入另外的帳號，把不同的帳號設定為不同的顯示狀態。

2010 年，楊劍豪認為有些人沒有再聯繫的必要了，所以，他有的刪除，有的會選擇性地聊天。

2012 年，楊劍豪有了自己的公司，他開始明白當初剛畢業時為什麼老闆對自己的登入顯示狀態有所要求，因為他現在也想像那樣要求他新招募進來的員工。

轉眼，2017 年，楊劍豪年近四十，他對聊天軟體的登入狀態已經深有領悟，尤其是對線上、隱身、忙碌這三種狀態有著切身體會啊！

【專家剖析】

一個人為什麼要把聊天軟體的登入狀態設定為線上，這時候表現了他怎樣的心態？

通常狀況下，一個人的手機聊天軟體處在線上狀態，是他目前沒有要緊的事要做，處在無聊中，或者是正等待去處理要緊的事，正在準備之中。

這種人往往有學習、歸零、感恩的心態，是社會中的新秀人物，會透過各方面去彌補，努力做一個合格的社會人士。

如果一個人的手機聊天軟體處在隱身狀態，一則說明他很忙，二則他心裡發出了這樣子的一個暗號：無關緊要的人和無關緊要的事請不要打擾我！

這種人往往有謙虛、付出、豁達的心態，不容易為逆境心事重重！

如果一個人的手機聊天軟體處在忙碌狀態，很明顯的一個特徵是：他現

在很忙，無暇顧及其他的事情，但如果你發送一則訊息給他，他馬上就回覆，而且和你聊得不亦樂乎，說明他對你的話題感興趣，或者對你這個人在乎、重視。

處於此種線上狀態的人，最好不要打擾他！

這種人往往有積極、合作、堅持的心態，通常事業心較強，容易拚搏進取，獲得一番成就。

【小提醒】

· 如果你把聊天軟體的登入狀態對某個人設定為「隱身對其可見」，那麼這個人一定是你在手機登入軟體時對你最有影響力和分量的一位，你希望他每逢有問題的時候都要與你及時溝通，你也會有問必答。

· 聊天軟體不僅有線上、隱身、忙碌等登入狀態，它的其他一些功能，例如心情貼文等也是很有趣的，如果你細細留心，會發現潛伏在使用者背後的祕密。

◆ 社群軟體大頭貼是自我認同感的一種影射

【引子】

如果說社群軟體是一個人，那麼大頭貼就是人的臉面。別看它待在那裡不動，它可是會變臉的。它有時候是一個人的生活照，它有時候是一個人的證件照，它有時候是一個人修圖過的照片，它有時候是一個人的特寫照，它有時候是兩個人的合照，它有時候是個帥哥美女，它有時候是個歷史上的大人物，它有時候是個風景的美圖，它有時候是個搞笑整人的圖片，它有時候是個老鷹、

老虎等王者的圖像，它有時候是個恐怖嚇人的表情，它有時候是個可愛的孩子，它有時候是個卡通的人物，它有時候一張空白什麼圖像也沒有……

　　心理學家認為：大頭貼是自我認同感的一種影射，不同的人會使用與其相對應的大頭貼。如上述，他們所採用的大頭貼，能說明他們是一個什麼樣的人呢？心理學家說：「如果一個人的大頭貼是自己的生活照，這個人對自我認同感比較強烈，他不會刻意的掩飾自己，網路上和生活中的他差距不大；如果一個人的大頭貼是自己的證件照，這樣的人往往循規蹈矩，缺乏自我的判斷和認識，這樣的人幾乎沒有自我認同感，會認為上級的命令就是天命，而且往往會無怨無悔的去服從；如果一個人的大頭貼是自己修圖過的照片，那麼說明這個人往往想刻意的掩飾自己，想以完美的形象展現在他人面前，不希望他人對自己一眼看穿，在他心中，保留祕密很重要；如果一個人的大頭貼是自己的特寫照，這樣的人自我認同感同樣強烈，只是他不敢明目張膽的讓別人猜出他的心思，但是他內心裡擁有這一份渴望卻努力去掩飾；如果一個人的大頭貼是兩個人的合照，那麼這兩個人必定有親密的關係，有可能是情侶，有可能是兄弟，有可能是知己，也有可能是其他的某種特殊關係；如果一個人的大頭貼是帥哥美女，說明這個人往往有追星的心理，會缺乏理智，對外界的判斷僅限在事物的外觀上，這一類人的年齡也往往偏小；如果一個人的大頭貼是歷史上的某個大人物，這個人往往希望像那個大人物一樣，只是空有豪情和崇拜，卻活在嚮往和幻想之中，難以美夢成真；如果一個人的大頭貼是個風景的美圖，這種人往往淡泊名利，嚮往恬靜、悠然自在的生活，當然這種人的年齡階段一般在中年；如果一個人的大頭貼是個搞笑整人的圖片，這個人往往風趣幽默，但也會常常把自己的快樂建立在別人的痛苦之上，這一類人往往會不惜犧牲他人來成就自己，且做事果斷、不容他人發表意見；如果一個人的大頭貼是個老鷹、老虎等王者，這個人往往希

望一馬當先，成為業界響噹噹的頭號人物，這種人也往往在進取之中，當然由於不滿足而去拚搏，這種人往往會獲得一番事業上的成功；如果一個人的大頭貼是個恐怖嚇人的表情，那麼說明這個人自我認同感很低，常常會有危機感和不安全感，且情緒起伏不定，容易傷感，『感時花濺淚，恨別鳥驚心』，這種人到最後往往會在悲憤中告別他不滿意的世界；如果一個人的大頭貼是個可愛的孩子，那麼這個孩子就可能是他的掌上明珠或心肝寶貝，他很注重對這個孩子的培養，對孩子也寄託了希望；如果一個人的大頭貼是個卡通人物，那麼這個人往往比較樂觀，在拚搏進取之中，這種人往往也是年輕人，有自己的追求和判斷，自我認同感在中上等水準；如果一個人的大頭貼是一片空白，那麼這個人的自我認同感較低，往往生活中比較隨性，喜歡觀察他人，而很少去表現自己。」

大頭貼能反襯出一個人的自我認同感，下文從大頭貼是卡通人物這一方面，讓我們在故事中見分曉！

【情景再現】

駱聞濤在大學時就知道刻苦努力，他比其他的同學都付出得多很多，但是他並沒有在學業上遠勝於其他同學，因為駱聞濤當時付出的方面並不是在課本上，而是在未來的求生和人生整體的規畫之中。因此，駱聞濤在上學期間就可以自給自足，他透過開網路商店，長了不少見識和經驗。

在大學畢業之後，不久一個線上商城誕生了，駱聞濤當然會嘗試去下載、使用。

駱聞濤不假思索的使用了一個卡通的人物作為大頭貼，他認為那個卡通的人物青春、活力，就像自己一樣。

後來，一家公司看中了駱聞濤的設計，總經理想和他談合作。在沒有了解駱聞濤之前，總經理認為，能設計得那麼棒，一定是個中年人，但電話中

的聲音讓總經理意識到自己判斷錯誤了。尤其是在加了駱聞濤的社群帳號之後，總經理更是不明白，他為什麼要用一個卡通的人物作為大頭貼呢？再看看駱聞濤的朋友圈，裡面幾乎沒有一張他的照片。總經理很好奇駱聞濤到底是個什麼樣的人！

終於，到了約定見面的日期。

「原來，你這麼年輕！」這是總經理見到駱聞濤時說的第一句話。

總經理暗暗想到：「能有如此的修為，真是少年老成啊！」

【專家剖析】

那些以卡通人物作為大頭貼的人自然是年紀輕輕就大有作為，是同齡人在事業上望塵莫及的，因為他們能很理想的左右自我認同感，在掌握命運這一方面，他們是強者！

自我認同感更加展現在自信、自強、自力更生、自我了解等這些方面。缺乏自我認同感的人有可能被他人所左右，在人生的大潮中失去自我，甚至會隨波逐流。

自我認同感是在成長過程中形成和發展的，有可能伴隨人的一生，只有自我認同，才能成為獨立的個體，不然脫離社會或群體必然會很快的被淘汰。

【小提醒】

· 你要了解過去的你、現在的你和將來的你，並要做一個比較，看看是不是你應該成為的你自己。

· 理想和現實有差距的，自我認同感強烈的人必定有遠大的理想，不然向現實完全妥協，有可能活成行屍走肉。

· 自我認同感的形成與周圍的環境有莫大的關聯，不要被別人完全擺布，應該明確，你就是你、是世界上獨一無二的你自己！

♦ 用語音朗讀網頁內容，是對其重視和值得去品味

【引子】

當我們用手機打開某網頁時，上面密密麻麻的有圖片、影音、文字等。對於圖片，我們可以選擇走馬看花的去欣賞；對於影音，我們可以用耳機，或者外放音量去聆聽；對於文字，有的網頁沒有語音朗讀的功能，要是我們實在有興致，會耐心的讀下去，要是沒有那個空閒，這一段文字就可能被忽略了，尤其是對於有語音朗讀的網頁，遇到能吸引我們的，我們往往一遍又一遍的反覆收聽。

像聽廣播那樣，我們很投入，而且可以在一邊收聽的同時，一邊用眼睛回味著文字。

我們為什麼把那些段落設定為語音朗讀呢？僅僅是因為對它們有興趣嗎？

【情景再現】

很多年前，一個叫褚怡葳的男孩和另一個叫嵇鴻疇的男孩成了朋友。不過，褚怡葳出生在城市家庭，爸爸媽媽有不錯的社會地位和威望；嵇鴻疇則出生在一個貧窮的鄉村，不只媽媽沒有受過什麼教育，而且爸爸在他七歲的時候就離世了。

可能是窮人的孩子早熟，嵇鴻疇渾身透露的才華和氣質深深的吸引了褚怡葳。褚怡葳也是從網路上知道世上有嵇鴻疇這樣優秀的男孩，可以說褚怡葳很崇拜嵇鴻疇，於是要和他做朋友。嵇鴻疇看褚怡葳不像是別有用心的人，就答應了。

他們度過了一些有福同享有難同當的日子，也對彼此的人品相互承認。後來，因為嵇鴻疇所在公司老闆的挑唆，褚怡葳認為嵇鴻疇只是徒有其表罷

了，沒有實在的內涵，於是開始疏遠。對於這些，嵇鴻疇並沒有在意。以至於缺少溝通和了解，兩個曾經要好的朋友如今分道揚鑣，像仇人一樣。

多年過去了，褚怡葳、嵇鴻疇彼此不再關注對方的消息，各自忙各自的事情。嵇鴻疇想來，都怪自己當時太任性，錯怪了朋友，但已無力回天；褚怡葳認為，可能是當時誤會了朋友，但為什麼朋友不為此辯解呢？

褚怡葳想，他的朋友是一個奮發要求有所作為的人，如果他真的是一個人才，現在網路這麼發達，一定能從網路上找到他的諸多資訊。

於是，褚怡葳用手機上網，並在搜尋引擎裡打上「嵇鴻疇」這三個字，天啊，真的有不少他的資料。翻閱嵇鴻疇的 Facebook、部落格，還有各種網站的介紹，比如維基百科，褚怡葳的眼淚流了下來。他知道他誤會了嵇鴻疇，無奈他們已經是兩個世界的人。

從此，褚怡葳常常會登入嵇鴻疇的個人網站，並打開語音朗讀，細細的去聆聽嵇鴻疇的光輝歲月和奮鬥時光！

【專家剖析】

如果一個人把某段文字設定為語音朗讀，那麼一定是對這段文字別有感情。為什麼其他的段落他一帶而過呢？唯獨這一段，他反反覆覆的去傾聽，要知道這一段文字在他心中是多麼重要。

他之所以把這段文字設定為語音朗讀，並不單單是覺得其重要，在以後的日子裡，他想起來的時候就可能去品味。

這段文字已成了他日常生活中的一部分，即使別人覺得都老掉牙了，在他心中，仍是回味無窮！

【小提醒】

- 就像是經典的電影、電視劇，我們每一年都可能會看，而且有時候一年要看好多遍，且年年如此，永不間斷，我們用語音朗讀的那部分，也不知什麼時候成了我們常常要溫習的，我們會對每一個字眼，每一段文字反覆咀嚼，直至滾瓜爛熟還不厭倦，還在想著新的吸引點。

- 用語音朗讀會讓我們更投入，我們會設定成語音朗讀的是少部分，正是這少部分足以彰顯我們對其重視，和以後要細細咀嚼的心思。

- 在收聽語音朗讀的這部分時，我們的心情自然是不同於閱讀其他的部分，可謂是五味雜陳，又愛不釋手。

◆ 經常換鈴聲的人，氣質上屬於外向型

【引子】

　　首先，我們來看看氣質有哪些類型：一是多血質，這種人有活力、精力充沛，在工作中能獲得一定的成績，但情感易變化，對約束的生活不感興趣。二是黏液質，這種人有很強的自制能力，生活、工作上井然有序，但動作遲鈍、靈活性不足。三是膽汁質，這種人熱情，有克服困難的決心，但缺乏周詳考慮，信心和耐力有限。四是憂鬱質，這種人本性高潔，有自己獨立的人格和判斷，但常常會觸景生情，性格上孤僻、優柔寡斷。

　　人體中的四種體液，即血液、黏液、黃膽汁、黑膽汁，決定了人類多血質、黏液質、膽汁質、憂鬱質這四種氣質上的類型差異。

　　人的這四種氣質類型（Four temperaments），也影響了他們的認知、言語、品德和修養等。

第二章　從設定的方式反映無法迴避的理念

【情景再現】

在一家公司裡，企業的機密文件不翼而飛。經過調閱各個位置的監視鏡頭，最終判定偷竊者一定是公司裡的員工。但老闆也不知道文件是在哪個時間被拿走的，於是，老闆對經常早到或加班的十幾名員工進行了盤問，結果他們都說文件的遺失和自己沒有關係。

這讓老闆很為難，他也知道這十幾名員工中一定有一位沒有說實話，但面對他們所有人都矢口否認，誰才是嫌疑犯呢？

後來，老闆請教了一位偵探。這位偵探要他從手機鈴聲設定的方式上尋找線索，結果發現只有一名員工經常換手機鈴聲，其他員工有的從來不換手機鈴聲，有的一年最多只換兩、三次手機鈴聲。偵探下了結論：那個經常換手機鈴聲的人，只有他能在別人毫無察覺的情況下竊取機密文件，他是多血質氣質的人，具有外向、反應迅速的特點，這一點是其他人遠遠不能企及的，僅憑這一點，就可以判斷，他就是作案者！

事實證明，偵探的推斷一點也沒有出錯。

【專家剖析】

多血質的人對環境的適應能力很強，有朝氣，他們快人快語，在活動能力和語言表達能力方面，明顯優於其他氣質類型的人，說得直接一點，就是熱情的外向型。

有鑑於多血質的神經特點和心理特點，他們適合的職業有演員、節目主持人、推銷員、導遊等。

習慣換手機鈴聲的人，他們會在平時表現出強大的積極性，對新鮮的事物他們容易接受，且活潑好動、不需要深刻的體驗……他們的這些特點，決定了他們的氣質類型是多血質。

【小提醒】

· 人的四種氣質類型，每一種都有優點和缺點，能根據他們的氣質類型，判斷出他們的日常反應。

· 如果一個人長久使用一種手機鈴聲，你會發現他態度穩重、處變不驚，而且因循守舊，有些死板，他在氣質類型上屬於黏液質。

· 如何培養多血質、黏液質、膽汁質、憂鬱質這四種氣質類型？除了要知道氣質受遺傳和生理的影響之外，對於多血質的人，要在韌性、創造能力、決斷能力、活動力、表現力、注意力這六個方面進行培養；對於黏液質的人，要在韌性、創造力、決斷力、集中力、行動力、表現力這六個方面進行培養；對於膽汁質的人，要在韌性、創造力、決斷力、集中力、行動力、表現力這六個方面進行培養，對於憂鬱質的人，要在韌性、創造力、決斷力、集中力、表現力、活動力這六個方面進行培養。

◆ 手機提醒能讓你在容易遺忘的問題上及時做決定

【引子】

很多時候，我們因為當初沒有好好珍惜或者付諸行動而捶胸頓足，但現在告訴你，上天可以給你一次機會，這個機會是唯一的，你能很好的抓住並發揮嗎？

這個機會就是手機提醒，你是讓它淪為不定時炸彈，還是成為雪中送炭的溫暖，就要看你是怎麼對待的了！

【情景再現】

楊昊天在做事時經常會丟三落四，沒有人會告訴他「你這個忘了，那個忘了」，以至於楊昊天錯過了不少時機。

他也不願意遺忘，尤其是那些有價值的東西、關鍵的時刻，一旦錯過了就再也回不來了。有時候，楊昊天都擔心自己是不是患了健忘症，這讓他活在提心吊膽和追悔之中。

後來，楊昊天在朋友的建議下，把手機設定了提醒。還果真是一針見血，刺中楊昊天的敏感角落。但楊昊天樂於接受這痛苦的洗禮，因為他知道，只有這樣，才能讓他在容易遺忘的問題上來一個回馬槍，死死的抓牢那個問題，使得結局來個一百八十度大轉彎、被處理得沒有瑕疵。

為了達到效果，楊昊天還對自己制訂了嚴厲的獎懲制度，尤其是在懲罰上，那可是對自己毫不留情。

結果有了很大的改善，有時候還沒有到手機提醒的時間，楊昊天心裡就已經敲了一個警鐘，他得抓緊時間改變了，於是，楊昊天會在手機提醒之前處理完畢。

這提高了楊昊天的警覺性和成就感，讓楊昊天更有自信迎接接下來的日子！

【專家剖析】

我們為什麼要設定手機提醒，就是因為有些事情我們容易遺忘，而這些事情往往是很重要的。

用手機提醒，會讓我們恍然明白，還有一個「弱點」，這是你做出改變的最後一次機會了，是選擇逢凶化吉，還是選擇讓自己繼續追悔，你自己決定！

心理學家表示，正是因為這種對自己的刻不容緩，會激發我們的行動力，會讓我們抓住改變的機會。

【 小提醒 】

· 手機提醒幫你上了一堂課，你曾經後悔的，現在讓你重新來過，
你知道怎樣面對嗎？

· 人往往懂得把握最後的一次機會，你應該在手機提醒時，給自己
一個心理暗示：這是最後的一次了，別讓我失望！就有可能激發
你的鬥志，對轉變結局是如虎添翼的。

· 如果你用了手機提醒，還總是於事無補，不要以為無可救藥了，
那是因為你沒有狠狠的逼自己一把。

第二章　從設定的方式反映無法迴避的理念

第三章

從存放的位置透露心照不宣的真切實意

◆ 手機習慣放上衣口袋是性情溫和的表現

【引子】

在我們的穿著方面，兩個最直接的表現是上衣和褲子，所以當我們外出時，手機是放到上衣還是褲子就相當重要。不過，有的人說，他既不會把手機放到上衣，也不會把手機放到褲子，你認為這有可能嗎？當然有可能！

除了把手機握在手裡、放在背包或者公事包裡，他又不把手機放到上衣、褲子，還能放在哪裡呢？

這時候有一個很明顯的地方，就是懸掛於腰間。

習慣於把手機懸掛於腰間的人，這樣的人有自己的態度和看法，他們的個性是真誠和坦率的。研究認為，在性情方面，如果是女人習慣於把手機懸掛於腰間，她有些細膩，如果是男人習慣於把手機懸掛於腰間，他有些粗狂；在事業方面，這樣的人會努力工作，也有一定的賺錢本領；在愛情方面，這樣的人積極主動，對遇到自己喜歡的人，往往會想辦法去追求。

至於習慣把手機握在手裡，或者習慣把手機放在背包或公事包裡，在本書的其他章節裡有所介紹，本文就不再贅述。

下面就本文的主旨，關於習慣把手機放在上衣口袋者，具體詳談一下。

首先，為了增加你閱讀的興趣，請先看故事！

【情景再現】

莫良哲第一次去市長家裡的時候，發現他把手機放在上衣口袋，再看著他成熟、穩重的樣子，莫良哲猜想，他一定是個好市長。

後來，一個縣長託他辦點事情，當然是走後門，市長拒絕了。縣長懷恨在心，透過其他的門道，讓遠在首都的親戚想辦法把這有如眼中釘、肉中刺的市長扳倒。

　　可憐官官相護，市長因為品格高潔，自然是得罪不起小人，尤其是小人有著更大的保護傘。官大一級壓死人啊，雖然縣長不敢把市長怎麼樣，但縣長討好了市長的上司，市長還會有好果子吃嗎？

　　於是，市長在五十三歲的時候，就辭職、退休了。

　　莫良哲以為至此以後「市長」會在怨恨中度過，當再一次拜訪「市長」的時候，還是看到他把手機放在上衣口袋，看樣子「市長」和家人生活得很快樂。「市長」說他現在只是一個平民，官場的黑暗是他不想管也管不了的。

　　雖然社會中還是充斥著不公，無奈當今世道不是他一個人能改變的，即使他去改變，很多人也因為變得麻木不仁而無動於衷了，他只有睜一隻眼閉一隻眼！

【專家剖析】

　　習慣把手機放在上衣口袋的人，性情溫和，生活中通常會腳踏實地，在遇到讓人措手不及的事情時，他反而會不急不躁。正是因為他的這一份冷靜，讓他總能深思熟慮，找到解決問題的對策。

　　這一類人富有遠見，在事業的成功上，他們會一步一個腳印，他們很適合當領導者，也能穩固自己的地位，因為他們畢竟把基礎打得很牢固。

　　他們就像是慈眉善目的菩薩一樣，會有很多擁護者，要是在古代，這樣的人可能是一位明君。在現代，這樣的人多數是個受人愛戴的行政長官等，比起那些貪官汙吏，他們不需要宣傳自己是多麼愛民如子，因為他們的人格已經深入人心，人們相信他們。

　　有這樣習慣放手機的人，在愛情上往往會從一而終。這樣的人多為男性，是值得女性託付終生的；如果她是女性，在感情失敗之後，就可能再也不嫁。

　　這樣的人不適合被他人所擺布，更討厭那些獨裁、專制，所以他們有時候會吃不消的，特別是在淪落的社會，他們常常會遭小人所算計。要是在古

代，他們很可能是一個隱士，或者退位讓賢，或者是德高望重的方丈、主持。

　　社會的意識形態決定了他們如何選擇在當下生活，是「舉世混濁而我獨清，眾人皆醉而我獨醒」，還是同流合汙、共同麻痹群眾！

【小提醒】

· 習慣把手機放在上衣口袋的人，看上去穿著很土，但在形象方面是很挑剔的，他很在乎在別人心目中的影響力。

· 這樣的人往往占有主導權，當受到排擠的時候，也不會輕易的向惡勢力低頭。

· 如果你讓他絕對對你服從，那是不可能的，尤其是知道你用謊言欺騙大眾，他有可能和你對抗。

♦ 保存的幾乎都是影片，顯示其生活上散漫

【引子】

　　從一個人在手機的存放內容上，可以判斷出他的生活態度。他在手機上保存的是什麼，這些是他最為關注的。

　　可以說，手機是一個人的「貼身侍衛」，它和它的主人心連心，它也像主人最忠實的僕人一樣，主人會放心的把最隱祕的私事交代給手機處理。

　　手機剛來到主人身邊的時候，可以說它身上除了自帶的軟體，如地圖、備忘錄等，就什麼也沒有了。在跟了不同的主人之後，有的手機被安裝了音樂播放軟體，有的手機被安裝了購物軟體，有的手機被安裝了圖片處理軟體，有的手機被安裝了社群軟體……在五花八門的軟體登上了手機的舞臺之後，有的人手機上所經常存留的東西也隨之發生了改變。

有的人手機上保存的幾乎都是圖片，可見他日常經常要與這些圖片打交道；有的人手機上保存的幾乎都是音樂檔案，可見他對音樂很感興趣；有的人手機上保存的幾乎都是 PDF、word 等文檔，可見他需要時常和文字接觸……如果一個人手機上保存的幾乎都是影片，這僅僅是因為工作上的需求嗎？

很少有工作單位會讓你把影片都保存在手機上，經常在手機上保存的幾乎都是影片，這是日常形成的一種習慣。我們能從中看出什麼呢？

【情景再現】

阿傑是一個警衛，他總覺得閒得慌，在工作之中也是經常覺得沒事可做，以至於阿傑總感覺到日子過得真沒有意思。

後來，他終於想到了一個讓自己快樂的方法，那就是在值班的時候，當沒有人和車輛往來的時候，他就拿出自己的手機觀看影片。他意識到用手機網路觀看太耗費流量了，那會讓自己在每月電話費的繳交上吃不消，所以阿傑會提前在員工宿舍裡用無線網路下載好影片保存在手機上。

每當聽說有一些賣座的電影，有意思的短影片，阿傑就下載好留待觀看。

如果是自己不喜歡的，看了一遍後就刪除；如果是自己喜歡的，阿傑總會在沒事的時候一遍又一遍的看。

這樣，讓阿傑不至於認為工作索然無味，還能愉悅心情，多好！

【專家剖析】

心理學家認為，如果一個人的手機上保存的幾乎都是影片，那麼他會經常和這些影片有關聯。你會發現，他會有事沒事的時候去「拜訪」手機上的影片，這樣的人是因為太無聊了。

在手機上保存影片，會讓他隨時隨地的打發時光，尤其是對影片達到一定的偏愛，可見他認為生活中充滿了太多的無趣，影片會讓他覺得快樂一些。

如果你去細細留心，這些人往往沒有大的作為，他們更願意每天二十四小時趴在手機上。

研究認為，這樣的人對待生活的態度是散漫，既不積極去爭取，也不消極的讓自己太頹廢。

總之，能過一日算一日，能快樂一時是一時！

【小提醒】

· 我們偏愛於什麼，可以從我們在手機上保存的什麼最多當中看出，我們往往會不經意的把自己最喜愛的東西存留在手機上；

· 比起電腦、行動硬碟，手機更容易讓自己想使用的時候就使用，這是一種隨時方便的心態，更能表現出我們的生活觀。

· 每天忙得焦頭爛額的人，你會發現，他手機上保存的影片一定很少，取而代之的可能是工作上的 excel 文件等。

◆ 上傳到個人雲端空間，意味其不想透露隱私

【引子】

在我們的手機上，經常會下載、保存和透過複製等方式，使得我們手機的內部儲存和 SD 卡容量總保持在不同的狀態，對於那些我們感興趣的圖片、音樂檔案、文件檔案、影片、壓縮檔等，我們是否以為只要放在了手機的「文件管理」中，它們就會永遠的存在，你想什麼時候查看都可以？

很遺憾的告訴你，這些圖片、音樂檔案、文件檔案、影片、壓縮檔等並不會隨你想怎麼樣就怎麼樣。當你手機上的儲存空間已滿，你再想裝載新的

內容，就會有其他的內容需要你刪除了，過一段時間你再需要刪除內容，已經難以辦到了。而且由於你的各種軟體長時間的使用，它們會占用你手機上的大量空間，你會把它們下載再安裝，問題隨之也來了，透過它們存留的圖片、音樂檔案、文件檔案、影片、壓縮檔等也不知什麼時候消失得無影無蹤。還有你一個不小心，在清理垃圾筒、清除手機快取、深度清理等方面，那些常用的儲存資料就可能被你斬草除根。

你還會擔心，手機上有不適宜別人看的內容，萬一被親朋好友偶爾看到了，或者是你的手機遺失了，那惡夢將可能永遠上演。

如何避免上述此類情況的發生呢？

你會首先想到隨身碟，把手機上有可能需要的在隨身碟上備份，會減少損失、增加安全感。你也可以在你的個人電腦上備份！當然，如果你對這些方式還不放心，你的電子信箱、雲端空間等會成為其有力保證，記住，在上傳到這些個人空間時，對它的許可權不要設定為公開或者指定的人物可見，你設定為僅自己可見，是個人隱私的很好隱藏。

【情景再現】

小風經常需要在手機上更新內容，他才發現並不是所有的資料都適合存放在手機上的。

他就把手機上的一些檔案傳送到其他的軟體之上，這樣，就有了多重的保障。

但小風也擔心，如果有某個檔案不想讓其他的任何人知道，存放的地方越多，就越容易被別人發現。小風曾經用手機拍攝了一個影片，那個影片對他來說價值重大、影響深遠，在手機上存放了一段時間之後，小風猜想，萬一某一天手機出現了問題，這個影片就可能永遠找不回來了。為了安全起見，小風在他的隨身碟上備了份。

一次，同事小蓮需要借他的隨身碟用一下，小風沒有防範意識的就借給了小蓮。就是這次偶然，小蓮發現了那個影片，他也是有好奇心的人，悄悄的複製了一份。

後來，小風的那個祕密被公開了。

這讓小風增長了經驗，有些手機上的東西並不適合放在那些諸如隨身碟看是安全的地方，有些東西放在那裡反而會增加風險。只有個人雲端空間，那是私人的領地，從來沒有人涉足和侵犯，那裡才是保護隱私的最上乘之策！

從此，小風一有不想讓其他任何人知道的檔案，他就會上傳到個人雲端空間。這也真的好好的保留了小風的個人隱私！

【專家剖析】

我們會把手機上的各種圖片、音樂檔案、文件檔案、影片、壓縮檔等保存在任何地方，有我們想與別人分享的，我們可以在 Facebook 上公開，有我們想和少數人討論的，就不要把它透露給不相干的人，有我們神聖不可侵犯的私有財產，上傳到個人雲端空間有利於安全係數的提高。

綜上，對某個檔案，從一個人存放的位置，往往能看出他對這個檔案的處理狀態。

【小提醒】

· 在上傳到個人雲端空間之後，要注意防止雲端空間的密碼被盜，申請密碼保護很重要。

· 對於在手機上誤刪的檔案，你可以在個人雲端空間找回，減少損失或沒有損失，不然就可能讓你後悔不迭。

· 別忘了，不能凡事都與別人分享，在手機上也是如此，人不能沒有隱私，萬一最後的精神家園也被別人攻破，你就可能無路可退了。

◆ 經常把手機放在電腦旁的人有創造力

【引子】

人們會在不同的場合使用手機，如購物中心、酒吧、公園、遊樂場、飯店、宴會、醫院、機場⋯⋯

如果說有兩個和我們息息相關的場合能看出我們的工作或者職業，你相信嗎？這兩個場合就是公司和家裡。

人們在工作時手機放置的位置，往往和他的職位有莫大的關聯，他工作上需不需要用手機，可以從其手機的使用頻率來判斷。對於一個銷售人員，或者從事電子書的編輯，手機每天使用的頻率自然是高於諸如木匠、教師等職業。當然，他的手機可能隨身攜帶或者放在電腦桌上。

在家裡，一個人手機的放置位置，往往不經過刻意的掩飾。家，是一個人最能隨心所欲的地方，這時候他不會總把手機放在身上。如果他使用完手機後放在手提包裡，說明他將馬上出門，他很可能從事著「經管型」的工作，如專案經理、法官等。如果他使用完手機放在孩子搆不到的高處，他很可能從事著「事務型」的工作，如清潔人員、保姆等。如果他在使用完手機後鎖起來，他往往從事著「技能型」、「研究型」的工作，如科學研究人員、系統分析員等。如果他在使用完手機後，習慣性的把手機放在電腦旁，他往往從事著「藝術型」的工作，如藝術設計師、廣告製作人等。

【情景再現】

時至新年，很多公司都有送禮給客戶的習慣。在老闆的安排下，詹傑愷提著一箱紅酒準備送給侯教授。

對這個侯教授，老闆只告訴了詹傑愷他的住址、聯絡電話，以及從公司到侯教授家的交通路線。

在乘坐地鐵、公車之後，詹傑愷終於找到了侯教授的家。

不過，在樓下，詹傑愷決定給侯教授通個電話，好讓侯教授有心理準備。誰知，接連打了幾次，侯教授的電話占線。詹傑愷只好向侯教授發了一則簡訊，說明來意。過了一會，侯教授回撥電話說：「很不好意思，剛才有點事，讓您久等了，上來吧！」

詹傑愷只好乘坐電梯來到了侯教授的家所在的樓層，還沒等詹傑愷敲門，侯教授就過來開門了，熱情的邀請詹傑愷到家裡。

在踏進侯教授的家門後，詹傑愷大吃一驚，侯教授家裡亂七八糟的，各種無影罩、照片沖洗設備、腳架等滿地狼藉。

詹傑愷剛放下禮品，侯教授的手機鈴聲就響了起來。侯教授看了一下手機，皺了一下眉，然後徵得詹傑愷的默認後，接聽電話、通話了幾分鐘。

掛斷電話，侯教授就把手機隨手丟在了電腦旁，這讓詹傑愷覺得侯教授的生活也太隨便、輕浮了。

後來，詹傑愷才知道，侯教授是一個大名鼎鼎的攝影家，擁有無數的粉絲。再想想物理學家愛因斯坦的辦公室總是凌亂不堪的樣子，對侯教授家裡的情況，詹傑愷頓時釋然！

【專家剖析】

不少大人物，其生活上並不是「約法三章」的，這和他們的職業特性有關。

從他手機經常放置的位置，當然不是指在他自己的身上，可以判斷出他目前從事的職業方向。

如果他經常把手機放在電腦旁，那麼電腦一定是他常常用到的工作上的工具，這種人往往是「藝術型」職業類型的人。

「藝術型」職業類型的人具有勇於創新、有創造性、不樂意被指揮、渴望實現自己的價值等共同點。

「藝術型」的職業有：雕刻家、建築師、設計師、演員、作曲家、詩人、小說家等。對從事這些職業的人，其創造力必須要在一定的水準，不然就沒有自己的作品，難以稱得上是「藝術型」的人了。

【 小提醒 】

- 目前，「職業類型」有六種分類：一是「社交型」，包括教育工作者、社會工作者等職業。二是「經管型」，包括政府官員、律師等職業。三是「事務型」，包括會計、祕書等職業。四是「研究型」，包括工程師、醫生等職業。五是「技能型」，包括機械裝配工人、修理工人等職業。六是「藝術型」，包括導演、樂隊指揮等職業。

- 我們應該在六種「職業類型」中，確定自己的職業類型，這有助於我們快捷且靈活的具備相應的能力，有助於我們獲得職業上的成功。

- 從一個人經常放置手機的位置，可以判斷出他的職業和這個位置有關，進而能推斷出他的職業。

◆ 在通訊錄裡備注化名的，為管理型的性格類型

【引子】

在你的手機中，有一個「通訊錄」，裡面保存著你想聯絡的人的手機號碼。

當然，你手機裡保存的一定不都是真實姓名。你會想很多辦法來區分，別人看不明白，你會一眼就懂那代表的是誰。

【情景再現】

經過多年的打拚，韋宇帥終於有了自己的公司，當了老闆。

在徵求員工的過程中，韋宇帥發現有一些人和自己的親戚、朋友等人重名。這讓韋宇帥每次叫起這些人的名字的時候都很為難，特別是韋宇帥每次打電話的時候，因為名字重複而弄錯了人。

怎樣避免這種令人捧腹大笑的結局呢？憑韋宇帥身為管理人士的職業特點，他很快明白，必須要對相同名字的人進行區分、劃分。

由於韋宇帥的工作和時間多數是在自己的公司，讓他最需要進行備注的就是員工了。

韋宇帥對每一個員工，總能根據其特點想出別出心裁的「假名字」，這些「假名字」，其他的人都不知道代表的是誰，只有韋宇帥心知肚明。

所以，既避免了弄錯聯絡人的尷尬，又顯得老闆對員工親切、格外的關心。韋宇帥真是一舉多得啊！

【專家剖析】

我們對一個人的稱呼，會用他的筆名、藝名、網名、別名等，這要根據你們之間的關係和特殊的情況而定。

如果你稱呼他為「寶貝」，那麼他很可能是你的戀人、伴侶或者幼小

的子女；如果你稱呼他為「馬部長」、「王老闆」……那麼，他可能是你的合作夥伴，或者是你的上司，甚至是你尊重的人；如果你稱呼他為「壞蛋」、「壞人」，那麼你對這個人可能是愛恨交加或者是印象不好；如果你稱呼他為「某某某男神」、「某某某女神」，那麼你一定是對他相當喜歡！

不同的人對同一個人的稱呼也是不一樣的，人們在手機裡也會對不同的人用不同的方式去備注。

為什麼不都全備注真實的姓名呢？一個很重要的原因是為了能夠讓自己區分，其他大大小小的原因，如他很重要、他是某個特殊的職業等。

別以為這些備注真的讓人看不出破綻，你的性格類型就潛伏在其中。

根據性格的基本類型，人的性格有六類：現實型、探索型、藝術型、社會型、管理型和常規型。

管理型的人有膽略、勇於冒險，在調配人才的能力上是一流的。在手機聯絡人上用化名對員工進行區分，是管理人員常見的一種特徵。

上文故事中的韋宇帥，在性格的基本類型上即歸屬於管理型。

【 小提醒 】

· 名字太多，我們就避免不了儲存上的困難，也會惹出很多搞笑的事件甚至糾紛。

· 不用真實的名字去備注，那麼他在你心中的位置一定不同於你用真實名字備注的那些人。

· 用什麼樣子的名字去稱呼對方，顯示著你對他的感覺和心理距離上的遠近。

◆ 經常把手機放在褲子後方口袋的人，戒備心強烈

【引子】

隨著社會交流的日益頻繁，人們已不再單純的把手機握在手裡、放在上衣口袋裡或者懸掛於腰間，在這些地方，手機會容易被他人看到，而在隨時行動時，為了不讓他人一眼看到自己的手機，人們習慣把手機放在褲子後方口袋裡。

這樣，陌生人就不容易察覺自己的手機所在的位置了，至於有沒有帶手機，手機放在其他看不到的地方，陌生人只是一籌莫展了。

這樣的人，有什麼樣的心態呢？

【情景再現】

費正祥的公司裡來了一位新同事，他叫柯勇男。在柯勇男第一天來面試的時候，費正祥就在總經理的辦公室看到了他。

那時，柯勇男穿著一身西裝，手機放在西裝褲的後方口袋裡，看到他謹言慎行，費正祥猜想，他一定是一個很老實的孩子。

後來，柯勇男果真被公司錄用了，他和費正祥在同一個部門。很快的，他們成為了好朋友。

由於費正祥認為，他提前比柯勇男先來到這家公司，所以在每次聚餐吃飯的時候，都是費正祥掏錢包。他們聊得很開心，費正祥也認為柯勇男是一個知恩圖報的人。

再後來，柯勇男向費正祥借錢。朋友之間借錢，很傷感情啊，但費正祥相信柯勇男，就把錢借給了他。

幾個月之後，他們已不在同一家公司。

有時候，費正祥生活上很節儉的時候，他想起了柯勇男欠他的錢，當然

是問柯勇男要錢了。誰知，柯勇男總是以各種理由說他現在沒錢，等有錢了一定馬上還上。

這樣的日子一直持續著，後來，費正祥打聽到，柯勇男已經跟其他同事借了不少錢了，無一例外的都是一去不復返。

同事們一致下定結論：以後再也不借錢給把手機放在褲子後方口袋的人，你把他當朋友，他卻處處對你戒備，根本不認為你是他的朋友。

【專家剖析】

研究認為，習慣把手機放在褲子後方口袋的人，他們看起來平易近人，背後卻隱藏著不可告人的小祕密。

這一類人不會和所有的人都零距離接觸的，尤其是越熟悉的人，他越要刻意保持和其之間的距離，對待那些不冷不熱的人，他反而有意的拉攏。

這些人，他們有著很強的戒備心。若要和他之間經營一段感情，就應該給他充分的信任和空間，你越想管制他，他越想掙脫你所設置的牢籠，他就像斷線的風箏似的，渴望更廣闊的天地，但在外面玩累了、疲憊了，他會返回你這個溫暖的港灣。

在工作上，這一類人往往喜歡貪玩，不會耐心的去完成一項任務，如果讓他們和創意性的人合作，其潛能是強大的。

這一類人的情緒起伏也很大，總容易觸景生情，這些都是源自他們內心強烈的戒備心所致。

【小提醒】

第三章　從存放的位置透露心照不宣的真切實意

> - 把手機放在褲子後方口袋，別人就不容易一眼看穿，當然這樣的人有所心事、有所隱瞞。
> - 他會有一些不想讓人知道的小祕密，你就沒有必要追根究柢，不然他會對你更加以防範。
> - 喜歡把手機放在褲子後方口袋的人，他們大部分渴望被呵護，就應該予以關心和照顧。

第四章

從發送動態的特點突破想要掩蓋的擬定手段

◆ 時不時的發動態是希望得到關注

【引子】

在發動態的時候，比如在他的 Facebook、在他的聊天軟體個人資訊頁，有的人十天半個月不見得有一次更新，有的人每天都在更新。

你認為那些時不時的發動態、更新的人，他們僅僅是因為覺得好玩才那樣做的嗎？答案是否定的！

他們頻繁的發動態，是在希望能獲得關注。

【情景再現】

夏鵬飛有自己的臉書粉專，想發文的時候就發文，不想發文的時候就不發文。

有了半年的粉絲專頁經營經驗之後，有一家公司以優厚的待遇招聘他負責一家企業的粉絲專頁。夏鵬飛認為很簡單，誰知在正式接手後才知道，企業粉絲專頁不僅要關注每天的點閱量，還要在平均每個月中有兩萬使用者量的增加，更為難的是，夏鵬飛每天都要發送和企業相關的文章三至四篇。

夏鵬飛後來才知道，企業粉絲專頁不同於自己獨立經營的個人專頁，企業粉絲專頁更看重的是能得到更廣泛的關注，不像個人專頁大多數是為了消遣而已。

【專家剖析】

有調查顯示，手機端個人專頁和企業粉絲專頁，其發文的數量和頻率是不一樣的。一般上來說，個人專頁在於推薦自己的精選，並不是你的什麼芝麻小事都適合發表的，不然使用者會覺得你無聊，取消對你的追蹤。個人專頁要不要每天發文，就要看你的用處和服務的管道了，一般一週發文一至三次最為合適，每次發送文章一至三篇即可。

對於企業粉絲專頁，更看重的是品牌的宣傳，使用者總數的增加以及每日的點閱量，所以，企業粉絲專頁適合天天發文，節假日可視具體情況而定，企業粉絲專頁一般以每天發文三至四篇為宜。

為什麼企業粉絲專頁每天都要發動態呢？除了使用者總數、點閱量、品牌的考慮之外，就是希望能獲得關注。

企業粉絲專頁更在乎宣傳的力度和廣度，每天發動態，即使是在節假日也要根據具體情況，發一則和企業相關的圖片或是關於當天節日的故事等，有助於提高陌生使用者關注的機率。

企業粉絲專頁要更加拚命，才能讓它在同行中的競爭中占有優勢，對企業股票的發行也是有好處的。

個人專頁則不同，它本來的使用者總數就遠低於企業粉絲專頁，加上管道、需要宣傳的內容等都遠低於企業需求，所以，個人專頁沒有必要天天發動態，也能滿足自己當初經營粉絲專頁的初衷。

【 小提醒 】

· 我們發動態的頻率越快，越容易提高別人關注的機率，但要記得，不能太過於頻繁，不然會適得其反。

· 對於粉絲專頁，要掌握好發送文章的最佳時間，曾有調查顯示，一天中的四個時間點最適宜發送文章：凌晨四點、上午八點、中午十二點、晚上十點。

· 千萬不可為了獲得關注而加速的更新動態，要注意品牌的打造和維護，心急是吃不了熱豆腐的。

◆ 幾乎都是轉發內容者，有窺探的天性

【引子】

在我們的朋友動態中，總有一些人，他們所發表的不是他們的原創，而是來自於其他各個朋友的文章。如果他們不會寫點文字、弄張圖片，那是不可能的，何況小朋友都會寫作文，他不假思索的去轉發別人的文章，僅僅是因為他懶得動筆嗎？或者他自以為沒有別人寫得好，藉以轉發來滿足他的虛榮？

其實，這些都不是最主要的。心理學家認為：「社交是人類最基本的需求之一，當看到別人都玩 Facebook、推特時，他也控制不住心中的從眾心理，情不自禁的去追趕潮流。為了不至於落後、讓他人完全忽略，他的個人動態不能是一片空白，可是當初使用社群網站時並不是用來發文章的，於是他想到了一個捷徑，那就是透過轉發優質的文章來提升自己的存在感。到底他心裡還在想著別的什麼呢？這裡，毫不隱晦的告訴你，這一類人往往有強烈的好奇心，他很少發表自己的意見，窺探他人的內容是自己的天性，要是他長時間個人動態內沒有任何發文，他就可能被自己的同行踢出門外了。所以，轉發是他企圖獲得別人認可的一種途徑。」

【情景再現】

在很多朋友都熟練使用社群網站的時候，顧堅誠仍對此不聞不問。顧堅誠認為那是一個聊天工具，自己已經有了各種聊天軟體，而且掌握得很熟練，何必多此一舉？在顧堅誠的想法裡，社群網站和聊天軟體是一樣的，只是為了滿足人的聊天需求，但是後來顧堅誠一再聽說社群網站新增功能的好處，他就手癢癢了，不過，顧堅誠還是沒有使用，因為他在猶豫不決之中，認為使不使用都可以。

　　後來，因為工作的需求，顧堅誠必須要使用 Facebook。他才開始下載、安裝使用。在經過半個多月的摸索之後，顧堅誠認為很有意思，只是他並沒有發表自己內容的想法，他特別喜歡每天下班、空閒的時候瀏覽朋友們的動態，看一看別人發生了什麼新鮮事。

　　由於顧堅誠的個人動態一直是處於「零狀態」，有不少他的線上好友誤以為顧堅誠針對自己設定了閱覽的許可權，不讓他看，那是對他的不信任，於是也把自己的動態設定了不讓顧堅誠看。如此，顧堅誠的線上好友上多了一些殭屍帳號，而且數量在與日俱增中。

　　這讓顧堅誠很為難，他終於想出了一個法子，那就是在遇到好的文章時轉發到自己的動態裡，這樣，他不但贏得了關注，不少線上好友也對他放鬆警戒了。

　　顧堅誠每隔一段時間都會轉發別人的內容，起初，得到了良好的反應。但是，顧堅誠轉發的內容，來自各個領域，有旅遊的、有星座的、有購物的、有理財的、有電視劇的、有小說的、有新聞的……很多人看了顧堅誠的動態發文，認為顧堅誠是一個很浮躁的人，於是，不少好友設定了不再接受顧堅誠的動態。

【專家剖析】

　　為什麼顧堅誠的線上好友到後來還是會對他防範呢？因為他轉發他人的文章不是出於分享，而是出於在窺探他人的隱私。他會充當看客，有時候會根本不在乎自己轉發的是什麼內容，對別人的照片、事件，他很少會去評論，因為他在觀看的同時，產生的只是羨慕、嫉妒、恨等心理，當看到別人不如自己時，他會沾沾自喜，當看到自己遠遠的落後於別人時，他會自卑，也有可能會對那些優秀者實施報復。

　　這樣，時間一長，別人就會察覺出來。社群網站本來就是分享個人狀態

和言論的一個地方，別以為自己的文字寫得不好、圖片選得不好看而灰心喪氣，你可以寫得簡短點、配張你喜歡的圖片，同時一個有意思的影片也足以為你的個人動態添光加彩。但要記得，不可任何事都在動態裡分享，因為有的線上好友並不是你真正了解的，萬一他是「窺視型」，你所發的個人隱私就可能被他所盜用，成為他利用你的工具。

【小提醒】

・ 動態的內容不適宜全部是分享轉發的，不然其他的朋友看著會覺得沒有意思，他是來看你的分享的，不是一打開你的個人動態，就全是和你毫無相干的事情，長時間下來，他就可能不再關心你，甚至設定成不再看你的動態發文。

・ 朋友圈的內容不要求全部原創，但也不能太過於炫耀自己，整天講自己的公司待遇多麼好，自己生活得多麼幸福，秀錢、秀金項鏈、秀金手錶……長此以往，別人會覺得你膚淺，封鎖你的動態，更有甚者，不法分子會因此設下誘餌，導致你上當受騙。

・ 心理學家認為，人們發送、查看動態往往有四種心理狀態：拓展型、解壓型、炫耀型、窺視型。拓展型的人是在其中學習、提升和成長，解壓型的人是希望朋友能及時分擔自己的快樂和憂傷，炫耀型的人習慣在其中炫富，別人對他投來羨慕的目光是他的需求，窺視型的人通常沒有發表自己意見和日常見聞的初衷、他們更樂意的是在窺探他人的消息和動態。

♦ 傳訊息喜歡用圖片取代文字的心理意涵

【引子】

你是否會看到這樣子的一些人，他們在手機聊天軟體傳訊息時，文字打得少，取而代之的是一些圖片、表情貼圖。

例如，當有人問他今天去了什麼地方時，他不是用文字去細說，而是用手機拍了張照片直接發送過去，或者他會錄個影片、發送位置、輸入語音，這些比他用文字方便、快捷多了。

研究認為，喜歡用圖片代替文字的人，這種人的思維敏捷，但更偏向於投機取巧，只要有捷徑，他們是很願意省略一些步驟的。

用圖片代替文字，既簡單，又能快速讓別人明白涵義，何樂而不為呢？

與用圖片代替文字很相像的是，人們會下載一些表情貼圖，用這些表情貼圖來表達高興、討厭、愛你、不想理你、抓狂、得意等內容。英國最古老、最負盛名的公立大學之一班戈大學（Bangor University）的語言學教授 Vyvyan Evans 認為：「在古時候，表情符號是很多國家的交流語言，比起圖畫表達的意思有限，表情符號更能刻畫出語言的美和內涵，一個捧腹大笑、一個哭泣的表情往往能讓人浮想聯翩。」但 Vyvyan Evans 也認為，表情符號和圖畫是難以取代文字的，這也就是人類歷史的文明在經過了表情符號、圖畫之後，用文字才能得以綿延的真諦所在。

【情景再現】

王新柔經營著自己的粉絲專頁，也經常在各個聊天群組中轉發自己的文章，她有時候直接把文字複製、貼在群組聊天室中，結果閱讀量不見得有所提升，她還多次被移出了群組聊天室。

王新柔一直在想，能讓別人快速明白她所要表達的辦法。

一天，王新柔和表弟聊天，發現表弟總愛用一些圖片。一開始，王新柔認為表弟偷懶，但轉念一想，那些圖片恰恰能代表表弟所要表達的意思。

這讓王新柔陷入了深思，她恍然大悟。

從此，她的粉絲專頁裡不再是百分之百的純文字，不用說，閱讀量確實有所提升。在她向聊天群組推薦時，她不是直接轉發，有時候截個圖發過去，再緊跟著送出一個逗趣、賣萌的表情貼圖。

　　這樣，感興趣的朋友會找到她的粉絲專頁，不光提高了閱讀量，還可能成為她的粉絲。不像以前，朋友對她的文章感興趣，可能會閱讀，但不會成為她的粉絲，因為，那百分之百的純文字讓人看了就頭痛，誰還會關注讓其折磨自己？

【專家剖析】

　　在一本書中，如果全是文字，讀者的視覺疲勞是小事，關鍵是影響讀者的閱讀興趣，會枯燥乏味，半途而廢。

　　如果這本書是一個圖畫書，那麼更能吸引人們翻開閱讀，這也是為什麼教科書不吸引人，繪本反而更受追捧的原因所在。

　　心理學家認為，圖片比文字新奇、漂亮，更能吸引讀者的閱讀欲望。

　　如果你用手機在和朋友聊天時，發了一大段文字，他一定沒有興趣讀下去，用幾張簡單的圖片代替，他會覺得有趣，還能明白你所要表達的內涵。

　　更有科學研究證明，文字搭配圖片遠比純文字閱讀更能讓人理解，而且有圖還會加快人的閱讀速度。

> 【小提醒】
> ・在學術界，有一個「插圖效應」，它會因為「動機角度」激發

我們的興趣，因為「重複學習」加深我們的理解，因為「雙通道理論」加強我們的視覺通道。

- 心理學家認為，圖示不要和文字所表達的內涵相差太遠，不然會讓人誤解你的意思。

- 彩色的圖示優於黑白的圖示，文字越難理解，所採用的圖示越關鍵。

◆ 為什麼經常要翻看以前的訊息？

【引子】

我們手機上的群組聊天室、所下載保存的東西等，常常會占據大量的記憶體，以至於不知什麼時候手機的記憶體就快要滿了。很多人會把聊天軟體刪除，再重新下載、安裝，這樣就會為自己的手機空出了大量的記憶體，但同時麻煩事來了，我們之前的聊天紀錄找不到了。

於是，有的人養成了經常翻看以前發過或收到的訊息的習慣。

【情景再現】

思睿在工作上很忙，他對每一個計畫和方案都不敢輕易下結論。所以，思睿經常會翻看手機上的聊天紀錄，直至確定完全無誤後，他才會放心。

這樣，由於細心，老闆交代的事情，在思睿那裡出現的誤差很少。因此，他在事業上可以說是平步青雲！

不過，在愛情的世界裡，你就會為思睿扼腕嘆息了。他曾經談過了幾個女朋友，對方都對他反應遲鈍不敢恭維。每有事情，思睿都拖到很久才處理好。思睿常常會考慮，這件事情是否會更完美，所以他會周詳計劃。但單從情人節

為戀人選禮物這一方面上來說，思睿一會考慮的是選擇香水，一會考慮的是選擇巧克力禮盒，一會考慮的是選擇手錶，一會考慮的是選擇訂製禮物……情人都在那裡急不可耐了，思睿還沒有下最終決定，情人不和他分手才怪呢。

不少思睿的「前女友」認為：思睿就像「小猴子下山」，他一會剝玉米，一會扔下玉米去摘桃子，一會丟了桃子去撿西瓜，一會捨了西瓜去追兔子，結果兔子跑進樹林裡不見了，他只好空手而歸。

思睿覺得很委屈，沒想到他經常翻看以前訊息的習慣成就了事業卻毀了愛情。真可謂是成也習慣敗也習慣！

【專家剖析】

心理學家認為，經常翻看以前的訊息，有助於鞏固對過去的回憶。

想想，聊天紀錄的內容是現實中發生的，在時間匆匆流逝之後，我們的大腦會對那一段記憶模糊，翻看以前的訊息，有助於還原當時的場景和心情。

經常翻看以前的訊息，是大腦的一種自我保護功能，大腦會把我們以前的記憶編碼後保存了起來，按照時間的排序，最近的記憶排在前面，越早的記憶越往後面排。有時候我們忽然會想起某件事，說明關於那件事情記憶的儲存編碼被激發了。

科學家認為，除非腦損傷，在正常情況下，任何記憶都會儲存在大腦裡的。失憶，一般是可以治療的；健忘，不在於經常翻看以前訊息的考慮範圍之內。

同時，經常翻看以前的訊息，也有性格上的弱點，那就是畏首畏尾、舉棋不定。

【小提醒】
· 為什麼會想不起一件事情呢？因為大腦的編碼不會按照我們的意

願去儲存，只有聯想與那件事相關的「人證」、「物證」或者事件，才會讓我們回憶到當初，記憶被啟動的可能性最大。

· 心理學家認為，人有時候並不需要真實的回憶，大腦內部會產生一種「記憶錯覺」，如「好像在哪裡見過他」、「他長得和我的朋友真像是一個模子刻出來的」等。

· 越有想像力的人、知識量越豐富的人，他對記憶的感覺越複雜，但當人們的生活日復一日的單調時，人們對記憶的感覺反而越明確。

◆ 停止顯示他的動態內容，是在抵制著什麼？

【引子】

社群動態是一個和朋友交心的地方，有共同語言、合得來的朋友才可能彼此長久的關注對方。

細細的留心你的動態看板，你會發現，有的是你停止顯示了別人的動態，有的是別人停止顯示了你的動態，有的是彼此停止顯示的，有的是從來不停止顯示的……對於這五花八門的情況，別以為什麼都沒有發生，對你們之間的關係影響大著呢！

【情景再現】

去年，梁博和霍傲旋在同一家公司工作。

那時候，梁博笑起來很乖的樣子，加上他工作積極上進、業績突出，霍傲旋對梁博的印象一直很好。

自從他們加了聊天好友之後，動態看板的互動更是不可或缺。每當霍傲旋發現梁博有新的動態發文時，總會第一時間按讚或留言，梁博也是如此。

他們透過動態看板關心和關注著對方！

今年，梁博要到另一家公司高就了，就不得不和霍傲旋之間的同事關係說再見。霍傲旋捨不得梁博辭職啊，但人各有志，是難以左右的。

本以為他們能在同一家公司工作很多年，沒想到這麼快就要結束了，因此，霍傲旋的心裡很不好受，對梁博的動態發文不忍再去看，所以設定了不再看他的動態，當然，霍傲旋也不想讓梁博知道自己的心情和感受、將來和過往，也設定了不讓梁博看自己的動態。

梁博起初並沒有在意這些，他還以為他們之間彼此沒有隱瞞、毫無隱藏呢！

梁博照樣是該發表動態的時候發表動態，該查看朋友動態的時候查看。

只是梁博忽然覺得好久沒見到霍傲旋發表動態了，就想看看他以前的內容予以回味。

誰知，在梁博去查看霍傲旋的「個人相簿」時，卻發現什麼都看不了了，梁博頓時明白了一切！

【專家剖析】

一個人和你用社群網站溝通，他的帳號名稱、地區、個人相簿等是你經常看到的，對他的帳號名稱、地區我們可以記得滾瓜爛熟，但他的個人相簿，點開就是他的朋友名單，裡面記錄著他生活中的點點滴滴和心事。

當然，並不是所有的情況都發表在個人動態上的，不過從一個人的動態發文，還是足以判斷出他的狀況。

為什麼要停止顯示他的動態內容呢？如果你對一個人發表的內容反感、不感興趣，當然你會毫不客氣的停止顯示、不再看他的動態；如果一個人頻繁的發表動態，都是一些廣告、推銷等，想想你一打開畫面全部是這些內容，它們以吸引眼球的絕對優勢讓你忽略了其他朋友的動態，時間一長，你

就會讓這些永遠不再發生，因此就停止顯示他發表的動態；如果你們之間有芥蒂，現在的關係急劇降溫，彼此也會互相封鎖；如果你們本來並不是朋友，只是成為了社群好友之後彼此信任才相互公開動態，當某一天你發現他是別有用心的人，你會讓他再看你的動態嗎？

　　對方不再讓你看他的動態，也往往是出於如上的考慮。

　　只有我們和某個朋友鬧僵、認為稱不上是朋友等原因，才會在動態內容上進行限制！

【 小提醒 】

・ 朋友有很多種交往方式，有酒肉的朋友、有知心的朋友……你也會遇到各式各樣的朋友，朋友貴在交心，但知人知面不知心，防人之心不可無啊！

・ 別在動態發文裡什麼都展示，那往往會讓壞人得逞。

・ 一個人的動態內容反應著他目前的狀態和他的職業、特點等，你應該能讓別人從你的動態中看出你的修養，別弄得雜亂無章，讓人一眼就煩心！

◆ 常常訊息傳一半就轉而打電話是怎樣的人？

【引子】

我們經常看到這樣子的一些人，他們在用聊天軟體傳訊息給別人時，發著發著就停止了，反而轉成打電話，這是怎麼一回事呢？

我們先來說說，選擇傳訊息的人。

心理學家認為，選擇傳訊息而不是電話交流，有一定的社會、文化和心理方面上的因素。他選擇傳訊息，是因為在交流時，對方看到的只是由文字構成的資訊，看不到他的表情、動作和神態等，對方只能依賴文字和少有的表情符號來解讀，他選擇這樣的交流方式，會因為傳訊息的抽象性和單純性，避免了面對面交流有可能產生的尷尬。另外，傳訊息交流比打電話更有靈活和彈性，雙方都可以遊刃有餘的想發什麼就發什麼，不用顧忌對方是否方便回覆，對方在接收到訊息時，有時間去考慮是回答還是不回答以及怎樣回答。

喜歡傳訊息的人，更想保持距離感，也給對方留有迴旋的餘地。他在生活中沒有太多的苛求，更願意隨遇而安。

但是，如果他常常訊息發一半就轉而打電話，這又是什麼樣子的人呢？

【情景再現】

閔耀傑和郝雨澤在之前是很要好的換帖朋友，只是自從他們不在同一個城市工作和生活之後，這種感情似乎疏遠了。

他們加了聊天好友，但一個月不見得有一次互動，而且互動的時間間隔越來越拉長。

好不容易湊到了雙方都有空閒，他們便在聊天軟體上傳訊息聊了一個多小時。

閔耀傑還熱情未減，郝雨澤那邊卻反應越來越遲緩，以至於訊息戛然而止了。憑直覺的判斷，閔耀傑認為：郝雨澤可能在忙！

閔耀傑守著聊天軟體又等了兩個多小時，郝雨澤那邊還是沒有動靜，閔耀傑又發了幾則訊息，仍沒有得到回覆。

閔耀傑心裡很著急，馬上用手機撥打了郝雨澤的電話號碼。原來，郝雨澤認為他們聊天應該適可而止，郝雨澤已經不再對他們繼續聊天感興趣了。

閔耀傑更不高興了，以為他在忙，誰知是他不想和自己多交流，無奈，閔耀傑只能聳聳肩、自我安慰幾句罷了。

【專家剖析】

心理學家認為，用聊天軟體傳訊息時，常常是訊息發送了一半就轉而打電話，這樣的人有幾個方面的特點：一是性情急躁，明明是打電話幾分鐘就可以解決的問題，為什麼要傳訊息大半天都沒有結果呢？二是更注重實際，他很少會逃避，能正面面對問題。三是透過打電話，用聲音拉近與對方之間的距離，他更容易有親密感。四是這樣的人有勇氣，當傳訊息時得不到滿意的回覆，他就不再是永遠傳訊息拐彎抹角，而是打電話當機立斷。五是一件事情該解決了就不能總是拖著，所以他有果斷的精神。六是我傳訊息給你的時候，你回覆得這麼慢，是否在和他人聊天呢？我打電話給你，你就不可能同時和別人交流了，所以這樣的人有猜疑和防範的心理。七是對方傳訊息時，文字都是經過深思熟慮的，容易掩藏自己的真實意圖，和對方打電話就能讓對方來不及採取防禦措施、就能揣摩對方是不是言不由衷。

總之，常常訊息發一半就轉而打電話，這樣的人多疑、有控制欲，當然，性情直爽、不隱藏想法。

【 小提醒 】

· 聊天軟體視訊聊天和發送文字訊息，前者要比後者直白，後者往往有隱匿。

· 選擇發送訊息交流，這樣的人性格一般為內向型，縱使他的文字功底很深厚，口頭上的表達也往往差強人意。

· 常常訊息發一半就轉而打電話的人，性格一般為外向型，比起拖拖拉拉、含糊其辭，他更願意立即做出決斷。

第五章

從偏愛的方向熟知即將成為可能的事實

◆ 女生比男生更常用手機看「愛情動作片」？

【引子】

首先，我們要了解一下文中的「愛情動作片」是指什麼？它是未成年人不宜觀看的，兩性之間生理的需求，在很多國家受到限制的影視作品或者片段，對於這種影片，不同的人和國家地區之間有著不一樣的代稱，如 A 片、謎片、AV 等。

基於這些「片段」內容多數是動作，為了不讓別人輕易察覺自己看的是什麼，有不少人說自己看的是「愛情動作片」。

這些人的心理是羞澀的，不敢明目張膽，用「愛情動作片」這個詞語，既避免了尷尬，又釋放了壓抑。

【情景再現】

梁正屹年滿十八歲了，認為是成年人就可以享有相應的權利，所以他開始追求一個叫裴語蘭的女孩。

初戀的他們很矜持，都表現出一副老實本分的樣子，不敢越雷池一步。

梁正屹認為，觀看「愛情動作片」是成年男人的天性，所以經常會用手機偷偷的看。

這既滿足了梁正屹生理的需求，又讓他人察覺不出在用手機看什麼，真是一舉兩得！

在這種事情上，梁正屹認為男人比起女人更容易用手機看 A 片，為什麼呢？梁正屹說：「古來男人皆好色，況且『三宮六院七十二妃』、『三妻四妾』在古時候是很正常的，相比較來說，女人往往要從一而終，也『未嫁從父，既嫁從夫，夫死從子』，可見，女人對這一方面的需求遠遠不如男人。」

但事實是如此嗎？梁正屹、裴語蘭都不好意思透露自己的心事，他們的感情狀態也在和諧、穩定的進展著。

一天，梁正屹想給裴語蘭一個驚喜，就提前訂好了一百零一朵玫瑰，在沒有事先通知裴語蘭的情況下，來到了裴語蘭的住處，恰巧裴語蘭的房門半掩，梁正屹就悄悄的溜了進去，發現裴語蘭正在用手機津津有味的不知在看著什麼。梁正屹就躡手躡腳的躲到背後，天啊，她竟然用手機看「愛情動作片」！

當察覺梁正屹的到來後，裴語蘭害羞得頭都快要低到肚子裡了。尤其是看到梁正屹手拿著的玫瑰，一百零一朵玫瑰代表著求婚，裴語蘭更不好意思了。

後來，梁正屹了解到：在看「愛情動作片」這種生理的需求上，女性比男性表現得更明顯！

【專家剖析】

人類的青春期多發生在八至二十四歲的少年族群，由於女性比男性發育得要早，以至於女性的身體發育早於男性的身體發育，一般要早一至兩年。

青春期的心理需求有文具、服裝、零食等物質方面的，由依賴家長轉移到朋友身上等交往方面的，女生關注帥氣、成績優異的男生等對異性關懷方面的。

在青春期，人們多數還處在上學的階段，所以，對女性的稱呼多是「女生」而不是女人、對男性的稱呼多是「男生」而不是「男人」。

這時候的男生和女生會出現學習興趣膚淺、慵懶、自我封閉、注意力不集中等問題。中小學生使用手機的壞處遠大於益處，手機會和他們的日常生活保持一段距離，有不少男生會沉迷於網路，在網咖一坐就是大半天，當然，由於自控能力和鑑賞能力的不完善，那些 A 片、情色影片等會對他們的心理健康帶來影響。女生呢，自然較少有人去網咖，手機便成了她們的嚮往。

在不滿足自己的長相、學習成績落後等情況下，如果她有手機，她對異性的渴望這一需求便在手機上得到充分彰顯，看「愛情動作片」也在所難免。

　　另外，男生會在任意情況下發生幻想和衝動，女生卻是很薄弱的，當時間、環境不吻合，沒有好的心情，衣服髒了等因素，都會使女生的興致全無。

　　綜上，男生有很多種方式解決青春期生理上的需求，女生最可靠的途徑可能就是借助於手機了。因此，女生比男生更常用手機看「愛情動作片」。

【小提醒】

- 在為使用者播放成人電影片段的分享網站的一項調查中，發現隨著行動通訊的普及和發展，訪問網站的男性和女性均有大幅度的提高，但是，女性使用行動端瀏覽影片的時間和百分比竟然高於男性。統計數據顯示，在所有的女性使用者中，透過平板電腦登入網站的占有百分之八，透過個人電腦登入網站的占有百分之二十一，透過手機登入網站的占有百分之七十一。在所有的男性使用者中，電腦是他們的優先選項，高於女性使用者百分之三十四。女性使用手機訪問網站的比例則高於男性百分之十六。

- 該網站還得出這樣子的結論，女性更注重「貞潔觀念」，看成人片的行為對她們來說有很大的心理負擔，方便攜帶而體積小的手機便成了她們的急需，可以在晚上睡覺時，也可以在一些場合適當觀看，萬一被發現了還可以遮掩，不像男性那樣可以大搖大擺、冠冕堂皇的使用電腦觀賞。

- 對於女性這方面的需求，美籍阿富汗作家卡勒德・胡賽尼（Khaled Hosseini）在他的小說《追風箏的孩子》中說「生理性的東西是沒辦法透過道德抑制的，既然別人幫不了，只能靠自己了」，所以，不要認為用手機看成人片不正常，只要觀念正確，不陷入其中就行了。

◆ 用手機想拍就怎麼拍，不是理智的推斷

【引子】

在我們手機上，有一個「照相機」，這個「照相機」能夠瞬間拍攝下你眼前見到的事物，但是如果你認為，眼前的一切你想怎麼拍就怎麼拍，那麼你就錯了！

【情景再現】

北韓是一個神祕的國度，這裡的人們也好像與世隔絕。

對於生活在其他國家的人來說，都想探一探北韓人的真實生活。

但這一片「絕緣」的土地，並不會讓人輕而易舉探知的。

張朝樂是一家報社的記者，好不容易等到了跟隨公司出訪北韓的機會。

張朝樂性格耿直、豪爽，在去北韓之前他就準備好了手機、相機等。

誰知在北韓入境時，他的相機被扣押了下來。很明顯，他不能帶高解析度的相機。

這讓張朝樂很失落，還好有手機。張朝樂猜想，也可以用手機在北韓拍攝下難忘的畫面。張朝樂早就計劃好了要去的地方，誰知他的出遊行程處處被限制。

能去的地方有限，能見到的也在一定的範圍之內。

張朝樂發現北韓人很貧窮、落後，但當地的人很樂觀，臉上還洋溢著幸福的笑容。

只是他們大多數人面黃肌瘦，這讓張朝樂很失落。

在北韓，最受歡迎的職業就是軍人了，北韓人也爭先恐後的去當兵。由於對北韓語略知一二，張朝樂可以和當地的人簡單溝通。他發現這裡的人需要救濟，準備回國後宣傳。

張朝樂在別人沒有發現的情況下，拍攝了一些當地人的生活情景，誰知在就要返國時，他的手機被要求檢查。張朝樂沒想到警察要強行刪除他拍攝的那些照片，憑張朝樂的性格，要是在自己的國家一定會和警察大動肝火，只是在北韓，一切反抗免談。

這一次北韓之行，讓張朝樂徹底的明白了，有些地方是不能隨心所欲的用手機的。

比如北韓，當地的真實生活是不能反映的，不然還有可能在當地坐牢。

【專家剖析】

張朝樂並不知道如實的反映北韓窮人的生活，有損他們的政府宣傳的幸福、美好形象。

有時候正義在某些地方是行不通的，最理智的辦法還是「入境隨俗」。

「強龍難壓地頭蛇」，除非某一天世道改變，才不會某一天以雞蛋碰石頭作無所謂的犧牲。

作為通訊工具的手機，在為我們帶來諸多便捷的同時，也讓我們深刻領悟了各種人情冷暖。

其實，除了北韓沒有拍攝自由之外，其他的一些國家、地區和個人，也有不想讓他人看到的一面。

在情非得已的情況下，尊重才是上乘之策。

【小提醒】

· 在你到某個地方想拍攝的時候，請收斂一下你的性情，確保是否你被允許這樣拍。

· 如果你想拍攝下難能一見的境況，可能只有在非常時間的區段，「不入虎穴，焉得虎子」，有冒險精神的人才可能有意外的驚喜。

> ・ 如果你到某個地方不被保護，最笨也最明智的方法，可能就是順從當地的習俗了，這時候你的手機應該在被規範的範圍之內，因為你還不是強者，應該按部就班的做事。

◆ 喜歡行動支付的人有較強的依賴性

【引子】

在古時候，人們購買貨物，會拿著金幣、銀兩等，到市場上面對面的交換。有時候，人們會透過鏢局達到保護財物或人身安全的目的。後來，隨著航海的發達，各地的特產會被運送到世界各地。

到了近代，郵局的出現，方便了人們收寄貨物。直到現代，快遞公司在貨物運輸的時間上更有了保障，同時一些保存期限短的貨物也能在這時候放心寄出和簽收了。與此同時，線上購物的快速發展，使得人們更方便的隨心所欲購買。

尤其是人們的手機，既可以用於線上支付，也可以用於當面掃描 QR Code 支付。可以說，人們隨身不用帶現金，手機就像銀行，在安全和便捷方面都遠勝於以前的消費方式。

對於你來說，你習慣於哪種方式付款呢？

【情景再現】

二十年前，包安國與唯一的兒子走散了，當時兒子才三歲。因此，他從未放棄過尋找兒子的夢想。

目前，他是一家上市公司的老闆，身家過億。他膝下有一個女兒，女兒很漂亮，在一所知名大學讀書，但包安國總覺得欠缺些什麼。

第五章　從偏愛的方向熟知即將成為可能的事實

一天，一個眉目清秀的男子自稱是包安國失散多年的兒子。包安國欣喜若狂，聽對方說，他被騙子拐賣到了鄉下，從小就幫著養父母工作，他十二歲的時候，養父去世了，從此他和養母過著更辛苦的生活，有時候食不果腹，還常常受凍，遭受別人的欺負，去年，養母一病不起，沒過幾個月就去世了，他無依無靠，只好去找親生父母，好在上天待他不薄，他只用了一個年頭，就找到了親生父親。聽年輕男人繪聲繪色的說得那麼相像，又那麼動情，包安國感動得老淚縱橫。

再打量著面前的年輕男子，看到他渾身穿著樸素，臉上透露出純真，包安國確定他就是自己的兒子。

在陪同「兒子」去購物中心購買名牌的衣服時，「兒子」表現得很拘謹，看來，「兒子」真的吃過了不少苦。

就在結帳的時候，包安國準備用現金付款，誰知「兒子」說：「爸爸，現在都什麼年代了，誰還用現金支付？你會用行動支付嗎？不會的話，兒子教你，很簡單的！」

包安國頓時大吃一驚，「兒子」說他一直生活在窮鄉僻壤、從小到大可憐兮兮的，怎麼會懂得行動支付？

包安國按捺住心中的疑惑，後來發現「兒子」對行動支付的每一個細節都很熟練，他還撒嬌似的要包安國支付一筆生活費給他好好的生活呢！

當然，包安國報了警，這個「兒子」只是一名騙子，他在付款方式上的細節暴露了他的心機。

【專家剖析】

心理學家認為，從付款方式的習性，可以看出他的個性。例如，喜歡拖著不付款的人，這種人愛占小便宜，尤其是在日常生活中，你會看到這樣的一些人，他們喜歡賒帳，是因為他們的身上是真的忘了帶錢了嗎？不，這

是他們有意的所為，他們故意以這種賒帳的方式，達到別人不得不把貨物交給他的目的，有時候遇到了討債的人，他們會心一橫：「要錢沒錢，要命一條！」這樣的人是真的沒有錢嗎？即使他們有錢，他們愛占小便宜的心理也會決定了能少付出就少付出，他們很少關心、幫助別人，認為「各人自掃門前雪，莫管他人瓦上霜」，當某一天他們遇到了別人受欺負的時候，只會漠然走過，長此以往，這樣的人很自私、無情；從不欠錢的人，這種人明白有付出就有回報的道理，如果從別人那裡得到了好處，他會想辦法去報答，儘管會讓自己為難，他們的這種心理會讓他們敢作敢當，在生活中，他們不喜歡拖泥帶水，會當機立斷，在做事的時候也會很有魄力。喜歡用現金支付的人，這種人往往對新事物的接受能力比較差，他們更願意活在日常形成的行為和方式之中，他們缺乏冒險的精神，但做事會踏實，亦步亦趨，常常認準了一個目標，不會輕易放棄。喜歡讓別人為自己付錢的人，這種人往往想從別人那裡撈到好處，他們的責任感很低，往往認為別人幫助他是理所當然的，他們很少知道感恩，一旦別人不再幫助他，他很可能恩將仇報。喜歡用手機支付的人，這種人易於接受新鮮的事物，對於同一件事情，他們最偏於方便的捷徑，他們會希望路永遠是直線的，對人生路上遇到的波折，他們往往會看不開，沒有了他們目前最熟練的新鮮事物，他們會忽然若有所失，以至於他們對某一件東西有著很強的依賴性，甚至會喪失自己的意志，為了追求新鮮和刺激而受控於他人。

如此你應該能明白，從對方付款的方式，發現一點徵兆就能預知將來的走向。

【小提醒】

· 愛用行動支付的人注意了，不要輕易掃條碼，尤其是商家發過來的掃條碼就能送紅包的廣告，對方只是在利用你僥倖的心理，騙走你更多的錢。

· 在用行動支付的時候，請注意不要輕易轉帳，尤其不要透露個人資訊。

· 尤其是在大街上、地鐵上，假的 QR Code 有可能會黏貼在真的 QR Code 上，不要以為是知名企業就靠得住，萬一被不法分子悄悄的偷換了圖了呢？

◆ 玩手機遊戲，會到了欲罷不能的地步？

【引子】

對很多男生來說，手機上的遊戲有著無比的吸引力，當他們覺得無聊或疲倦、疲累的時候，手機遊戲就成了他們的優先選擇。豈不知，一開始是抱著玩玩的態度，結果越玩越上癮，控制不了自己。

心理學家認為：「玩手機遊戲的族群中，男生占絕大多數，也有一些少部分的女生。他們為什麼要玩手機遊戲呢？背後有著什麼樣的需求？一般來說，手機遊戲能在一定程度上滿足他們的需求，調查顯示，在人們玩手機遊戲中，有這幾個需求：一是自我實現的需求，二是歸屬與愛的需求，三是尊重的需求，四是安全的需求。在這四類需求之中，人們最需要的是自我實現需求和歸屬與愛的需求，他們能在手機遊戲中得到自我的滿足，很少受到外界的干擾，所以他們寧願全心全意的投入到手機遊戲當中，也不願意在現實的各種凌亂的因素面前不知所措，他們在手機遊戲中，會找到虛擬的歸屬與

愛，社會現實生活中的殘酷就會讓他們避而遠之，手機遊戲便成了他們落腳的精神家園。排在第三的需求是自尊的需求，他們認為在手機遊戲之中會得到他人的尊重，不像在現實，稍微有點不好，就會被親朋好友數落，所以玩手機遊戲的人幾乎都是學習成績不好、注意力不集中、工作上拖拉等族群。安全的需求在四類需求中排在最後，也就是說人們玩手機遊戲，並不是從中完全的脫離現實，他們在其中的安全需求不足四分之一。」

【情景再現】

在凱揚順利成為了大學生之後，他發現身邊的人和在高中時完全不是一回事，身邊的人更多是在打發無聊，不是睡覺，就是看電影……以至於凱揚很少見到他們努力刻苦的樣子。凱揚也不想每天在學業上很勞累，不然他的這種不合群，會讓其他的同學們避而遠之。

於是，凱揚也熱衷了「混日子」。他一開始只是在同學的建議下玩玩手機遊戲，沒想到一發不可收拾。

凱揚漸漸的沉浸在手機遊戲之中，這打發了他大學時代的無聊時光。

然而，匆匆四年就過去了，在即將要大學畢業時，凱揚才知道自己浪費了時光，他不但大學的專業知識很差勁，而且大學這四年，他沒有學到一點在社會上的生存本領，想想高中時那股刻苦努力的勁，才促使他進入這所知名大學，誰知大學畢業後沒有一家公司看得上他，凱揚很後悔，是手機遊戲害了他！

【專家剖析】

人們玩手機遊戲是因為其心理需求不一樣，而手機遊戲恰好能滿足人類的一些需求。

一直玩手機遊戲的人與從來不玩手機遊戲的人相比較，其自我實現的需求會降低；以前玩、現在不玩手機遊戲的人，其自我實現的需求、安全的需

求會高於一直玩手機遊戲的人。

　　人們透過玩手機遊戲來獲取自我實現的需求、歸屬與愛的需求、安全的需求、尊重的需求，其效果並不是多麼理想。且手機遊戲的風靡會讓一些愛好者樂此不疲，就像被灌了迷魂湯一樣，有些人難以自拔，到了欲罷不能的地步，嚴重影響到生活、事業等各方面。

　　玩手機遊戲，要懂得去克制，不然會有五大壞處：一是手指不停的在螢幕上滑動，容易傷害到手指神經，有可能導致手部癱瘓。二是玩手機遊戲的時候，眼睛要盯著手機螢幕看，時間長了，會讓眼睛疲勞、視力下降。三是在玩手機遊戲的時候，頭部是低著的，人們容易因玩手機遊戲而忘我，造成脊椎受損。四是玩手機遊戲，裡面的畫面、情節等會刺激人的大腦，以至於在睡覺的時候也處於興奮的狀態，對睡眠的品質有嚴重的影響。五是玩手機遊戲，要離手機遠一些，尤其是玩手機遊戲的時候會致使手機的功率最大，導致手機發燙，其輻射也最容易對人帶來傷害。

【小提醒】

· 隨著手機的普及，很多人會有玩手機遊戲的習慣，如果時間短，可以達到放鬆的效果，不然時間長就容易沉迷其中不能自拔，對身體健康帶來傷害。

· 玩手機遊戲往往有這些原因，一是壓力大覺得無聊，二是想加大社交量，三是對手機遊戲充滿好奇，四是想展示自己的與眾不同之處，五是希望能贏得別人的肯定，六是會獲取一定的成就感，七是在玩手機遊戲中增加了群體歸屬感……不排斥人們玩手機遊戲，但要適可而止。

· 人的欲望是無窮的，在玩手機遊戲的時候要懂得淺嘗輒止，不然，會越陷越深、越來越瘋狂。

◆ 愛用手機聽歌的人坦率

【引子】

手機可以作為什麼用途？它是銷售員的「朋友網」、美女的一個梳妝臺、打通和遠親之間的橋梁、沒事可在上面打打遊戲的消遣品……

不同的人對手機的慣用行為不一樣，僅憑這一點，就可以判斷出一個人的個性。

【情景再現】

對面搬來了一個新鄰居——小剛，每天神出鬼沒，一副不苟言笑的樣子，讓鐘仁覺得對面的這個鄰居高深莫測。

憑直覺的判斷，鐘仁認為他個性固執或者好強。

但幾個月之後，鐘仁感覺他並不是自己認為的那種人，到底小剛是個什麼樣子的人呢？

鐘仁發現，小剛有一個習慣，那就是他愛用手機聽歌，而且幾乎都是帶著耳機，可能是怕吵到鄰居吧！

一次，鐘仁和小剛在附近的公園碰了個正面，恰巧他們都閒來無事，都想好好的了解一下對方。

從小剛的言談舉止，鐘仁可以判斷，他並不是那種冷血無情的人，相反，很熱情，樂於結交朋友。可是，既然這麼性格外向的人，為什麼會在聽音樂的時候愛用耳機呢？在鐘仁的試探下，原來，小剛並不是偏愛用耳機聽音樂，只是常常怕影響到周圍的人，才不得已這麼做。

小剛是個年輕人，對娛樂圈的一些年輕的歌手、演員等他可是無所不知，有時候還會舉出幾個看似很真實的例子。小剛說，他還有過當明星的夢想呢，只是被現實擊破了。

這一次聊天，讓鐘仁對小剛的看法有不少改觀。

一來二往，他們更熟悉彼此了，鐘仁終於可以明確的下結論：小剛是個個性坦率的人！

【專家剖析】

我們的個性表現在我們的特質、意志、思想、情感等方面，這也是我們區別於他人很明顯的一種方式。

人的個性有很多種，如文雅、柔弱、倔強、平和等。這些個性往往因其鮮明、獨特的特點，容易讓別人留下深刻的印象。

為什麼說愛用手機聽歌的人坦率呢？

首先，愛用手機聽歌的人多數是年輕人，這時候的人往往會對社會中的新鮮事物充滿好奇，發達的娛樂圈便成了他們的聚集之地；其次，你可以這樣想，有中年人常常用手機聽歌嗎？那只是絕對的少數！即使他們用手機接聽，也不一定是音樂，有可能是廣播；再次，年輕人容易無聊，認為聽歌不僅可以打發時光，還可以趕走煩躁、愉悅心情，何樂而不為？

一個人對手機最偏愛的用途，使一個人的個性閃現。

【小提醒】

· 個性能決定與不同的人選擇性的交往，在你和他握手之前，請了解他的個性，不然交了錯誤的朋友就不必要了。

· 影響個性的原因有很多種，如出身、性別、社會環境等，其中最有影響力的是父母，對一個人的個性影響最大的時間區段是：青年時期。

· 個性因人而不同，每個人都有個性，要注意在後天培養個性的傾向，使其向著積極的方向推動。

◆ 經常下載經典的著作，他擁有豐富的想像力

【引子】

首先，我們了解一下經典是什麼？

經典是指有權威性、典範性的著作，它們能在歷史的流傳中經久不衰。

在文學上，經典的作家有英國的莎士比亞，德國的歌德，法國的雨果，俄羅斯的普希金，中國的李白⋯⋯

經典更展現在其他諸多方面上，如建築、歌曲，包括個人的語錄，在任何一個行業裡出類拔萃的人物等。

我們用手機下載的文章或著作內容，除了有經典的，還有各種亂七八糟的、新鮮的和外來的。

我們的時間有限，如果我們不假思索，只要覺得標題還感興趣就去下載，那麼你很可能讀著讀著就索然無味。

經典是經過歷史承認的，是前人智慧的結晶。我們用短暫的一生只學習那些經典的東西，當然會讓我們匯集所有的精華，人生達到的成就也可能是前無古人後無來者。

【情景再現】

在項承安剛讀大學一年級的時候，他在外工作的哥哥買了一部手機給他。對於這部手機，項承安很愛惜。他沒有像別的同學一樣，手機用於把妹或者消磨鬆懈的大學時光，項承安經常會在手機上下載經典的著作。

別的同學都認為他一定瘋了，所學的專業是石油工程，為什麼要看那些和石油工程毫無相干的著作呢？有什麼《道德經》啊、《顏氏家訓》啊、《拿破崙傳》啊、《昆蟲記》啊⋯⋯

對別人的質疑，項承安並沒有完全放在心上，他堅持自我。

　　後來，大學畢業後，其他的同學大部分是在從事著和石油工程相關的職業，不好也不壞，項承安卻順利的轉行了，沒過幾年，他就是全國頗有名氣的年輕學者，出版了不少學科領域裡的專著，連同行的人都是望塵莫及，更別說當初的那些大學同學了，一個個都驚訝得嘴巴合攏不上：項承安真是一個天才啊，他如果當時學的是自己感興趣的專業，那他一定會更突出。

　　可憐造化弄人，項承安沒有機會考取自己喜歡的科系，不過，他在大學時已經有多方面的暗示他的所愛，他經常用手機下載經典著作，這背後隱藏的故事是不可被忽略的。

【專家剖析】

　　習慣用手機下載經典著作的人，他們會讓那些語言和魅力為自己所用，當然會激發他們的想像力。像吳承恩創作《西遊記》一樣，天馬行空。這樣的人更容易理想主義，認為人類應該怎麼樣才會活得更好、更有意義。

　　古時候的莊子、老子等，他們也喜歡分享經典的著作，只是當時的著作是一些流傳的有價值的東西罷了。於是，這些著作會激發他們的思考，會讓他們把這些想像付之於作品之中。

　　喜歡下載經典著作的人，其創造力、豐富的想像力是常人難以比擬的。

　　雖然他的創造力難以得到別人的承認和認可，但是他的想像力卻不受約束的得以發揮，這些可以從他的作品中呈現出來。

　　經常下載經典著作的人，適合從事創作性質的職業，他們的頭腦和思維是發達的。在衣食住行有保障的情況下，即使足不出戶，他們的想像也可以不受時間、空間和地域的限制。

　　整體來說，他們讀的經典著作太多了，所以他們也會留下更經典的產物，他們所帶來的經典更富有智慧和啟迪作用。

【小提醒】

- 一個人用手機經常下載經典的著作，那麼他會大部分時間在這些經典中參悟，他就可能「十年寒窗無人問，一舉成名天下知」。

- 如果一個人習慣用手機下載庸俗的東西，那麼他一定不會對高雅的東西深入研究，所謂「陽春白雪、下里巴人」這些是不能混為一談的，古時候人們講求「門當戶對」也可能是出於這個道理。

- 經常下載經典著作的人，他的知識量一定很豐富，他就可能在這些前人的經典作品中有所發現和創造。

第五章　從偏愛的方向熟知即將成為可能的事實

第六章

從瑣碎小事避免錯誤的重犯

◆ 喝醉後猛打電話且聲音很大，性格是如何？

【引子】

有的人平時很斯文，聲音很柔和，但某一天你發現他酩酊大醉之後，性格特別暴躁的用手機通話，聲音如驚雷，你不明白他怎麼變成了這個樣子。

其實，他還是原來的他，只是因為你平時對原來的他不是深入了解，他有如今的舉措也在情理之中。

這時候往往是說明他很壓抑，他生活中一定壓力不小，只是平時耐著性子，沒有表現出真實的自己罷了。

【情景再現】

在權可馨的心中，包家鑫是一個溫柔的男人，平時他也是寡言少語，對人也是細微、體貼。

只是有一次在和朋友們聚會的時候，包家鑫喝了盡興。

在回來的路上，包家鑫接了一通電話，在那裡破口大罵。

權可馨很吃驚，以為是包家鑫喝多了胡說的呢！

幾天之後，包家鑫對權可馨說：「我被炒魷魚了！」

「什麼原因？你做得不好，還是不能夠勝任？」

包家鑫說：「就是那一次，我不是多喝了酒了嘛，在回來的路上，老闆通知我明天去公司加班，要知道那是說週六、週日去上班啊，公司裡明文規定一週裡工作五天，之前也有過類似加班的情況，老闆也說過要調高薪資，可是一分錢也沒見到。」

「意思是說你當時是在和你的老闆爭吵嗎？」

「對！」

「天啊，你再去上班時向老闆道歉了，他怎麼還那麼沒有人性炒你的魷魚啊？」

「我沒有道歉，錯並不在我，何須道歉？我也是有什麼說什麼，道歉的人應該是他！」

「要知道你多麼需要這份工作啊，那是你喝多了，如果你告訴你老闆你當時喝多了，他頂多對你記一個小過，不會把你辭退的！」

「我很早就想辭職了，我已經對他忍無可忍很多次了！只是人在屋簷下走，哪能不低頭？他也不能這樣屢次讓我白白加班！起碼有點回饋啊，不然週末我可以去遊玩，可以去看雙親，何必把大好的時光浪費在單調無味的工作裡？」

「哦，原來是這樣子的！」

「付出沒有回報，讓我如何去養活自己、贍養老人、照顧後代？」

權可馨才恍然明白，包家鑫並不是她想像中膽小怕事的男人，原來，他性格那麼耿直，愛恨分明，只是沒有超過他忍耐的極限，他沒有爆發出本來的性格罷了。

【專家剖析】

別以為你看著笑得甜蜜蜜的人，他一定很樂觀，對人很友善，萬一是笑裡藏刀了呢？

真人不露相，露相非真人。除非在相應的外在條件刺激下，他的性格才會被展露得一覽無遺。

你可以細微的觀察他喝酒後的小動作，如果平時大大方方，喝醉後像個小綿羊似的，和別人打電話也是胡亂的應承幾句就掛了，說明這樣的人很單純，沒有什麼心計，生活上也很知足。如果他喝醉後打電話遇到不順心的事

就猛摔手機，說明這種人物質上很闊綽，性格上也是直言不諱，更有甚者是脾氣火爆。如果一個人在喝醉後打電話時聲音像蚊子似的，那麼這個人的性格膽怯，容易前怕虎後怕狼，做不成大事。如果一個人在喝醉後打電話，他和平時沒有什麼兩樣，說明這個人很有耐心、定力，他不是那種城府頗深的人，也不是那種逆來順受的人，他最容易披荊斬棘，經過重重困難之後成為成功者。

上文中的包家鑫看起來是個老實人，是誰欺負他都不敢出聲的人。但他的性格並不是想像中的懦弱，而是包容、無私，有忍耐的心理，只是時候未到，他沒有被刺激到性格的中樞地帶而已。

> **【小提醒】**
> - 人們並不會輕易的暴露自己的性格，他喝喝醉後打電話的小動作會讓你略知一二，別看他平時的表現和此刻完全兩樣，此刻才是他內心真實的自己。
> - 「人之初，性本善」，如果一個人有了私心、利欲之心，他的價值觀念也會隨之改變，當然他不會輕易的讓別人知曉他另有所圖，他喝酒後打電話的小動作會不顧情面、沒有迴旋餘地的還原他的本性。
> - 一般的人並不會輕易發怒的，他打電話時一改常態，一定是對方讓他不滿意了，如果你耐心的傾聽，為他排憂解難，他會走出這一份心靈上的困擾。

◆ 一邊接電話一邊整理文件，這種人工作上進嗎？

【引子】

辦公室是一個好場合，能檢查一個人對工作是不是上進。例如，在他打電話的同時，還做著其他的事情，就要注意了，這是精力渙散的表現。

【情景再現】

楊剛是一家公司的老闆，最近他負責了一個專案，想交給下屬代為處理。這個專案對他來說很重要，因此下屬必須全心全意的投入到這個專案之中。

在楊剛的印象中，邢慧娜是一個做事認真的人。不過為了以防萬一，楊剛決定還是要考驗一下邢慧娜。

楊剛對邢慧娜說：「最近幾天客戶的主管會跟妳通電話，別忘了上班的時間手機保持暢通，好好的和對方聊一聊。」

邢慧娜贊同的點點頭，並「嗯」了一聲。

沒過幾天，在邢慧娜剛到公司的時候，手機的鈴聲就響了，憑邢慧娜的直覺，這是客戶的主管打過來的，邢慧娜看看楊剛的辦公室，想事先知會老闆一下，誰知老闆還沒有來到公司，邢慧娜就在自己的座位上站著和客戶的主管通話了。

他們聊得很開心，楊剛也在這時候走進了辦公室。

這時候，楊剛看到邢慧娜在跟客戶的主管通話的同時，另一隻手在整理著辦公桌上的文件，楊剛就明白了，邢慧娜能不能勝任這個專案。

幾天之後，楊剛告知所有的下屬，這個專案轉交另一個叫陳瑾的員工負責了。

邢慧娜很是不明白，找到楊剛問：「老闆，明明不是應該我負責的嗎？怎麼換成了陳瑾？」

楊剛說：「這個專案注重考驗一個人的上進心，前幾天妳在和對方的主管通話時，妳卻還在一邊整理桌上的文件，那就說明妳並沒有對這個專案完全投入。」

　　邢慧娜解釋說：「當時是早上上班，我還沒有整理好座位，對方的電話就撥打過來了，我只是在講電話的同時抽空去清理一下辦公桌，難道這樣也有錯嗎？」

　　楊剛說：「正是妳在講電話的過程中做了其他的事情，說明妳心不在焉。要是妳對這個專案十分感興趣的話，中間出現的任何小插曲都不會影響到妳。」

【專家剖析】

　　我們的上進心程度，可以從我們在通話的過程中是否還做著其他的事情來推斷。

　　如果我們在一邊接聽電話的同時，一邊做著其他的小動作，如在接聽電話的同時，我們和其他的同事仍不忘擠眉弄眼，說明你在接聽電話的時候敷衍。如在接聽電話的同時，還嘴裡嚼著泡泡糖，或者一隻腳搭在椅子上，這是你自甘墮落的標誌。如在接聽電話的同時，在辦公室裡走來走去，這時候你往往是在覺得百無聊賴。如在接聽電話的同時，你的眼睛死盯著天花板，說明你在想入非非。如在接聽電話的同時，你左顧右盼，說明你在分散注意力。

　　文中的邢慧娜在一邊接聽電話一邊整理文件，說明她並沒有投入全部的精力到通話之中。

　　一個對工作十分認真的人，很難會分散精力的。

　　只有集中自己的精力在電話中溝通，才是對所聊事情的投入。不然，你可能落後、倒退，發展前景不怎麼樂觀。

【小提醒】

· 想提高工作效率，上進心很重要，即使你很笨，笨鳥也能先飛。

· 看一個人對所做的工作上不上進，就看他在談和這項工作相關的事情的時候，是否一會低頭，一會抬頭，一會看看手機，一會抓抓癢……如果不停的出現這種額外的事情，那麼說明這項工作難以吸引他的興趣。

· 興趣會讓一個人發揮更大的潛能，更加去投入，老闆會透過一個人對某件事情的興趣來判斷他的忠誠程度，老闆所需要的是對工作賣力的人，那些在工作上敷衍、混日子的人，自然會被老闆請出公司的大門。

◆ 需要記資訊時才找便條紙，這樣的人缺點和優點各是什麼？

【引子】

在辦公室中，我們會看到這樣子的人，他平時的辦公桌上很潔淨，整理得有條不紊。

忽然有一天，客戶打來電話，在主管不在的時候，他是接聽還是拒絕？如果他拒絕了，抱歉，他可能很快被老闆辭退；只有接聽才是明智之舉。

然而，他又不是公司裡的重要角色，客戶提的問題他不能馬上答覆，必須要事先知會主管。只是不知主管什麼時候會來辦公室，為了不耽誤客戶的時間，他讓客戶說了需求。誰知客戶說了一大籮筐，他憑腦袋是記不全的。為了防止遺漏，他開始找便條紙和筆。客戶也不能在那邊一直等著他，有時候客戶會不耐煩的掛斷電話。即使他費了九牛二虎之力找到了便條紙和筆，

客戶在電話那頭侃侃而談，他能記下所有的要點嗎？當然，在記的時候不出現錯誤很重要。

【情景再現】

路寒新在一家公司工作有一年了，只是職位、薪水始終不見上調。路寒新很苦惱，為什麼才來三、四個月的同事升職加了薪，自己還是在原地踏步呢？是否老闆對自己有偏見？

老闆看出了路寒新的不滿，決定要替他上一堂課。老闆告訴路寒新說對於做銷售的他，必須要知道如何巧妙的和客戶溝通。路寒新認為，做銷售的無非是動動嘴皮子，沒有什麼訣竅。老闆說下午可能有一個客戶打來電話。

到下午的時候，果然有一通電話打到了路寒新的辦公桌上，憑敏感的職業習慣，路寒新知道這個人就是老闆說的那個客戶。

平時和客戶溝通時，只是一些簡單、容易記得住的事情，沒想到這個客戶說了一大堆，路寒新都聽得囫圇吞棗。路寒新想這樣下去不是辦法，於是去找便條紙。

他把自己的辦公桌翻了個底朝天，並沒有找到想要的便條紙。無奈，路寒新只好向同事借。

剛坐下的時候，又發現筆不見了，路寒新只好又把辦公桌翻了一遍，還好在椅子下一個角落找到了那支不知掉了多少天的筆。

路寒新認為，自己有工作經驗了，只須把客戶說的話大概記一下就可以了。

第二天，老闆找到路寒新，詢問客戶對新產品的建議和想法，路寒新無非回答得很片面。那個客戶是老闆親自安排的！

老闆並沒有責怪路寒新，對路寒新說：「你再看看那個新同事，他是如何處理和你一樣的事情的。」

需要記資訊時才找便條紙，這樣的人缺點和優點各是什麼？

路寒新便悄悄的觀察著那個還沒來多久就升職加了薪的同事，發現當客戶打電話的時候，他總能熟練的找到便條紙，並輕巧的記下資訊。

老闆對路寒新說：「這就是你們之間的區別，一個好的銷售員不僅僅是在向客戶推薦產品，對客戶有什麼疑難的問題，對客戶所需要解決的，都要銘記於心。當然，你很難用腦袋記下來並且不出錯誤，這時候用筆記在便條紙上很重要。如果你需要記資訊時才找便條紙，這一類人缺乏做事的計畫性，更有可能是走一步算一步的心態，這對需要顧慮周全的銷售人員來說是忌諱的，所以為什麼我重視他，替他升了職加了薪，而你還是在以前的水準，就是這個原因。」

【專家剖析】

需要記資訊時才找便條紙，這一類人往往在工作中敷衍了事，這樣的人是很難注意小細節，常常會出現差錯。

需要記資訊時才找便條紙的人，對自己沒有嚴格的要求，常常會忽略對問題考慮周全，這樣的人會影響工作的效率，難以成大事。

當然，需要記資訊時才找便條紙，這樣的人也是有優點的。他往往在生活上不落俗套，沒有過多的城府，對應該完成的任務不會拖延。這一類人往往是性格外向型的，他們的性格決定了他們不拘小節。

同時，這一類人也懂得隨機應變，對於忽然到來的事情，能很快轉變自己的思維。

這一類人不太適合在辦公室中上班，出差、跑外務能發揮他的專長。

【小提醒】

- 如果我們需要記資訊時才找便條紙，很多時候，時間是不允許的，我們還可能沒有找到便條紙、耽誤事情。
- 如果你不能夠熟記客戶在電話裡說的話，你寫字的速度也不是很快，可以在便條紙上記下關鍵重點，事後去補充。
- 你對工作的態度決定了你能否把這個工作做下去，因此你要選擇感興趣的職業，不然是一種煎熬。

♦ 隨地以低價兜售的手機是不義之財

【引子】

不是在店鋪，也不是在購物中心、網路上，而是在日常生活中很普通、很自然、很隨便的一個角落，忽然可能就有一個人問你：「要不要手機？」你用眼瞥了一下那個手機，果然是好貨啊！只是你害怕是騙子，然後不予理睬若無其事的走開。

對，這一類人是騙子的可能性極大。如果你停下腳步問他：「多少錢啊？」那價格一定是遠低於市場價，你都開始懷疑他兜售的手機是不是水貨，當然他會振振有詞的說他兜售的手機是他自己的，而且他還可以熟練的向你示範操作那部手機。

要記得，這手機肯定不是他自己的了，雖然他會給出無數種讓你相信是他自己的可能，但幾乎沒有一個人會隨便見著陌生人就問：「要不要手機？」再看看他著急的樣子，又穿得很體面，他缺賣掉這部手機的幾千元嗎？

不，這部手機並不是他自己的，可能是他撿到的，可能是他順手牽羊來

的，也可能是別人要他幫忙出售的。但你並沒有見到手機真正的主人，你買了不義之物，讓小人得了不義之財，更讓手機的主人損失慘重，真是「一舉三失」啊！

當然，除非你特別有錢，或者不在乎買手機的這些錢，你可以把它買下來還給真正的主人。但要記得，有時候好人反而做不成好事，手機的主人不但不會感恩，反而會倒打你一耙，更有甚者，你會落入別人設計的圈套！

與其那樣，不如做好自己應該做的事，你管不了的閒事也不是在你力所能及的範圍之內，就順其自然吧！

【情景再現】

趙小光在每天傍晚的時候都有外出的習慣，不是約三五好友打籃球，就是遛遛狗；不是在公園的長堤上呼吸新鮮的空氣，就是在幽靜的小道上散步。

這一天，趙小光獨自一人走在街道的馬路上。

在他不經意間，被問一句：「要不要手機？」

趙小光抬眼看了看眼前的這個人，他是二、三十歲的年輕人，穿著光鮮體面。趙小光稍微怔了幾下！

在趙小光停頓、遲疑的那幾秒鐘，眼前的年輕男人悄悄的張開手，手裡握著一部高級的手機。

趙小光很喜歡這一品牌的手機，就問價格，價格甚至不到專賣店裡的十分之一。

趙小光以為是冒牌貨，就要看一看那部手機。青年男人稍微猶豫了一下，把手機遞給了趙小光。趙小光可是一個懂手機的行家，他發現那部手機雖然是舊了點，但的確是真實的原廠貨。可能是因為男人用了一段時間，價格才這麼低吧！

趙小光到最後還是買下了這部手機，使用起來還真的很不錯！

直到後來有一次趙小光在和朋友打球的時候，也是真巧，那部手機是朋友遺失的。

趙小光覺得不可思議，其他的朋友解釋說，隨地的場合卻低價兜售優質的手機，除非很特殊的情況，那機率幾乎不可能，就不要抱著僥倖的心理了，以免貪小便宜吃了大虧。

【專家剖析】

很多情況下，像文中的趙小光遇到的那樣，那部手機的品質有保證的，但忽然某一天，有兩、三個人擺攤出售大量同一款式的手機，且品質看起來不錯但價格很便宜，就要注意了，如果你不是專業的手機行家，當你沾沾自喜以為用低價買到了好貨之後，很快你就會發現哪裡是個手機啊，用不了幾天零件就支離破碎了，你再想找賣手機的那幾個人討回公道，已經如大海撈針，是不可能的事情了。

所以，專家建議你不要貪圖小便宜，尤其是不義之物，本來不該是你自己的，你若想占為己有，也會用得不舒服，更有可能會得到惡報。你就應該努力的去付出，只要自己正在用的手機款式自己喜歡，用得還開心，何必貪求「餡餅」呢？有時候餡餅是毒藥！

【小提醒】

- 那些隨地以低價兜售手機的人，你首先要判斷他的為人，如果他比購物中心裡的銷售人員還能說會道，而且一副口無遮攔的樣子，注意啦，他很可能是賣水貨的高手，他已經習慣這樣了，有很多次經驗了。如果他看起來不像窮到要出售手機的地步，且慢條斯理，看著像正直的人，也不要被他所欺騙了。如果他再描述自己是多麼可憐，並透過各種理由讓你去同情他，那麼他一定是在誘惑你上鉤，真正的有需要幫助的人，並不會說很多看似是有

幫助的無聊話的，因為沒有那個習慣也不會說。

· 不要以為在一家小店就能買到某某某品牌的手機，小店不可能樣樣齊全，如果你要什麼小店裡有什麼，那麼你買到的將是假貨。

· 如果一個人沒有錢，他卻在用著高級的手機，就說明他虛偽、愛跟人比較，更搞笑的是他所用的那部手機可能是個假貨，只是他死要面子，有時候明明知道是假貨還裝作很有品味。

◆ 習慣用觸控筆撥打電話是浮躁的表現

【引子】

當我們想打電話給某人的時候，會首先拿出自己的手機，如果在我們的手機聯絡人中有那個人，我們只需要輕輕一按，就撥打了過去；如果在我們的手機聯絡人中沒有那個人，我們要事先知道他的手機號碼，然後用手指把一個個數字輸入，可是，在第一次記下別人的號碼並和別人通話時，如果你細心，會發現有一些人用觸控筆撥號。

他們的這一小動作揭祕了他們的心理特點，那麼，用觸控筆撥號的人有著什麼樣的心理特點呢？

【情景再現】

盧風海在社會上打拚了幾年，終於有了自己的公司。

在當上老闆之後，盧風海反而更忙，不見得清閒。盧風海知道，這是在為自己工作，等將來事業穩固了，就可以讓別人替自己工作而坐享其成了。

由於公司的規模不是多麼大，人手也是一個問題。於是，盧風海兼顧了公司裡的多個職務，忙得可謂是不可開交。

盧風海的手機存下了各種業務往來的電話號碼，接聽手機、撥打電話，和客戶討論，便成了盧風海生活中的常態。

盧風海每天要處理的事情很多，當忽然間想起一個人的時候，手機上並沒有存入他的電話號碼，只好去查名片，或者從第三者、第四者……那裡獲取想要聯絡的電話號碼。

在盧風海第一次撥打那個電話號碼時，他會用觸控筆撥號。

有一次，一個客戶打算和盧風海的公司合作。

在中午一起吃飯的時候，那個客戶瞥見盧風海用手中的觸控筆去撥打號碼。憑多年的經驗，客戶知道盧風海是一個整天處於忙碌狀態、性格浮躁的人，而他的這個專案需要耐心、細心的人。

於是，客戶回去後，很不好意思的發了一則簡訊給盧風海：「抱歉，盧總，對於這個專案，我們想要找的是一個遇事能保持冷靜、沉著自如的人，但從今天和您吃飯時看到你用觸控筆去撥打電話號碼，這是性格浮躁的特徵，不太適合我們這個專案，期待下一次有機會與您合作，謝謝諒解！」

【專家剖析】

我們可以從他撥打電話的小動作，揭祕他的心理特點。

如果在撥打電話時，很自然的坐在椅子上或躺在床上，這一類人性格穩重，在處理事情的時候不會驚慌失措。如果在撥打電話時，情不自禁的玩弄著手機，這一類人心態樂觀，生活中會從容應對。如果在撥打電話時，緊握手機的下端，這一類人外柔內剛，有「不達目的不罷休」的成功者心理。如果在撥打電話時，將手機夾在位於手和肩之間，這一類人能顧全大局，有詳細的計畫。如果在撥打電話時，不受控制的走來走去，這一類人愛好自由，對新的事物總是充滿著好奇……文中的盧風海在撥打電話時，習慣性的用觸控筆去撥號，可以探知盧風海是這樣子的心理特點：他很少讓自己清靜，為

了做成事情，他會不經深思熟慮就行動，要是遇到了分歧，容易激動、和別人爭執。

> 【小提醒】
> ・ 如果你喜歡清閒，盡量少和習慣用觸控筆去撥打電話號碼的人接觸。
> ・ 要是想要消除內心的浮躁，你可以培養自己的行為意志，例如，每天靜坐一段時間、多養些花草、對要做的事情制定計畫、暗示自己浮躁只會使事情更糟糕等等。
> ・ 撥打電話的小動作，會暴露出人格，若能仔細去觀察，會讓你見微知著、一葉知秋。

◆ 開會時不關手機鈴聲，老闆會認為你不懂得尊重

【引子】

當某一天你在參加一個會議，你正聚精會神、聽得津津有味時，忽然一陣「叮鈴鈴」的聲音打斷了你的思緒，你會瞬間有什麼反應？

你發現原來是自己的手機鈴聲響了，再看看周圍參會的人，大部分會把目光聚集在你身上，更多的是充滿怒視。

在這種情況下，你會怎麼辦？

【情景再現】

今天是週一，還在上週，老闆就通知江方玉，「下週一上午七點在公司門口等我，和我一起去參加一個研討會，這個研討會邀請了很多知名人士，當

然報紙、電視等媒體更是如約參加，到時候別忘了早起，穿得體面一些！」

江方玉很高興，因為她知道這是老闆對她的器重，不僅僅是帶她去見見大場面，更有可能是在著力培養她。

於是，江方玉穿戴整潔，早早的就來到了公司門口。

老闆準時到達，然後很興奮的和江方玉去參加研討會了。

果然，在研討會上菁英薈萃，江方玉還看到了她小時候的偶像，那嘴巴都驚喜得合攏不上！

在坐定之後，沒多久，會議就開始了。那場面真是盛大，連開場都是江方玉前所未見的！

當會議進行了一個半小時，江方玉的老闆被邀請講話，老闆也饒有興致的講著，忽然江方玉的手機鈴聲響了起來，那聲音可真是響亮！全場的氣氛頓時被破壞了，所有的人都不約而同的把目光聚集向江方玉。

江方玉很尷尬，小心翼翼的把聲音調小，到會議室外面去接聽了。

這時候老闆很不好受，再看看全場議論紛紛和異樣的目光，老闆竟不知該如何下臺了！

在會議結束後，老闆並沒有嚴重的責罵江方玉，只是從此以後老闆每次外出帶上的人不再是江方玉，而是公司裡的另外一位同事了。

江方玉這才知道當時的事情鬧大了，但再想挽回老闆對自己的美好印象，已經難如上青天了！

【專家剖析】

老闆為什麼後來疏遠江方玉？很明顯，江方玉在會議上忽然手機鈴聲響起，是對會議禮儀的破壞。在這種高度聚集的場合，不光會讓自己覺得難堪，而且有可能會損壞公司的形象。要是江方玉在手機鈴聲剛響起的時候，立刻把手機按掉，老闆可能認為她識大體，給她改過自新的機會。只可惜，

江方玉還到外面去接聽電話，這不僅是對與會者的忽視，更是對在演講中的老闆不尊重。就這兩點，很少再有老闆認為江方玉是可塑之才了，江方玉在公司裡的各方面評價都會下降和貶值。

如果換成是你，在會議時，請把你的手機關掉，或者把你的手機調到震動或者靜音。你這樣做，一則不會讓你把時間和精力浪費在和別人通話之上，你完全可以在會議結束後回撥過去給對方，說明緣由，對方若知情達理，會理解的。二則不會打斷發言者的思路，也不讓其他聽眾受到影響，對你產生厭膩的心理。如果你還不知道馬上停止眼前的這個行為，輕則讓別人留下不好的印象，重則會被下逐客令。

【小提醒】

- 在你進會場前十五分鐘之內，請檢查手機，確保鈴聲已經關掉。
- 鈴聲多為流行的歌曲，有的還另類，如果你不想讓演講者厭煩，或者成為其他人談話的笑柄，在會議上關掉手機鈴聲是你個人素養提升的表現。
- 為什麼要關掉手機鈴聲？很重要的一點是營造不被打擾的環境，另外還可以使你的手機多保留一點電量。

第六章　從瑣碎小事避免錯誤的重犯

第七章

從不經意間流露的行為知曉想要表達的內涵

◆ 通話時嘴唇向前撇是在持懷疑的態度

【引子】

很多時候，由於距離遠的原因，我們只看到別人的嘴唇在動，而聽不到在講著什麼。

這時候，我們往往會有如囫圇吞棗，明明能探知對方真實的心理，我們卻以為聽不見來搪塞，結果有可能讓自己做出錯誤的判斷。更嚴重的是，我們錯失良機，還有可能會帶來重大不利的影響。

他的嘴唇就像一個表情的麥克風，臉部的微表情會透過嘴唇表現出來，給你一個完美、無誤的答案。

【情景再現】

康美蓮、董琪涵是兩個實力相當的同事，她們是好朋友，也是競爭對手。

然而，公司要從她們兩人之中選出一位到新加坡接受培訓。康美蓮和董琪涵都不願意錯失這千載難逢的機會，各自施展自己的優勢，希望能順利入選。

這天，總經理對她們說，他要外出一下，順便會見客戶，以商量和確定最合適的人選。總經理告訴康美蓮、董琪涵，中午他會打電話回公司，告訴她們最終的答案。

整個上午，康美蓮、董琪涵都提心吊膽著，好不容易撐到了中午，等其他的同事都陸陸續續走出去吃午飯，康美蓮、董琪涵還死守著座位不放。

這一分一秒真的是難熬啊，康美蓮和董琪涵都懸著心。

忽然，公司裡的電話鈴聲響起，董琪涵馬上站離座位，三步併兩步的來到電話機旁。

康美蓮只好靜靜的坐在那裡，這時候，康美蓮不經意的抬頭，看到董琪涵在通話的同時嘴唇向前撇，康美蓮馬上就知道了答案。

於是，康美蓮準備去吃午飯。

中午回來後，董琪涵湊過來問：「妳不想知道這次是誰去新加坡參加培訓嗎？」

康美蓮笑笑說：「我已經知道了！」

「不可能的，總經理只告訴了我一個人。妳倒說說看，是誰有機會去新加坡？」

康美蓮說：「當然不是妳嘍！」

董琪涵一怔：「為什麼不是我？難道妳聽到我們談話了？中間有著隔音玻璃，還距離那麼遠，妳是瞎猜的吧？」

康美蓮搖搖頭說：「雖然我聽不見妳在說什麼，但妳的嘴唇透露了妳想要表達的內容。我看到妳在通話時嘴唇向前撇，那是在持著懷疑的態度，也就是對最終的結論有所質疑了，因此人選便不是妳！如果妳的嘴角往上拉，或者妳自然的張開嘴巴露出牙齒並面帶微笑，中選的人就一定是妳了！」

「真厲害，果然不是我！這次是妳有機會去新加坡，恭喜妳嘍！」

【專家剖析】

在我們臉部的微表情之中，嘴唇透露著很多資訊。如，當嘴唇壓緊、變薄，那是一種憤怒的表情。當在嘴唇張開的同時，眉毛往上、上眼瞼睜大，那是一種驚訝的表情。當嘴唇向前嘟，說明此時處在防禦的心理。當嘴角上挑，說明這個人有包容之心，不會斤斤計較。當嘴巴抿成一條線，說明這個人在勇敢的面對困難，有不達目的不罷休的決心。

文中的董琪涵嘴唇向前撇，說明她對總經理所告知的消息不能夠充分的相信，聰明的康美蓮在遠處就知道總經理說出的答案了。

> 【小提醒】
>
> ・ 如果你聽不清楚對方在遠處說什麼，你可以透過他嘴唇上的微表情來判斷他的狀態。
>
> ・ 人的喜怒哀樂在嘴唇上有所展現的，特別是在一些祕密行動之中，你不可能和你的敵對勢力面對面的交流，但你可以在遠處透過他在和別人通話時，嘴唇上流露的微表情來做進一步判斷，這往往會讓你出其不意、贏得先機。
>
> ・ 當別人試圖觀察你的嘴唇時，請控制好你的嘴唇，稍有不留神，就可能洩露祕密。

◆ 手放在嘴邊講電話是在批判

【引子】

　　表情包括臉部表情、語言聲調表情和身體姿態表情，對於臉部表情我們容易辨認，對於語言聲調表情也會在一定的掌控範圍之內，可是對於身體姿態表情，我們就容易和身體姿態動作混淆了。

　　身體姿態表情是人在各種感情狀態時，自發的和有意識的表達出來的性格特徵、能力特徵和情感狀態，比如，透過昂首挺胸，我們可知道其自信、自豪。透過腳步輕盈，我們可知道其愉快的心理。透過坐立不安，我們可知道其在焦急的狀態。透過手忙腳亂，我們可知道其緊張的心理……

　　手勢表情是「身體姿態表情」中常見的一種，我們想得知對方在打電話時的心理，他的手勢所透露出來的表情會給你答案。

【情景再現】

在一個朋友的生日聚會上，王沖和幾個好朋友替朋友慶生。

酒過三巡，正當大家在盡興時，朋友的電話鈴聲忽然響了。那個朋友看了一下手機，皺了一下眉，對在場的各位說：「我有點小事，出去接一個電話。」

然後，朋友就來到了大廳外安靜的角落。

王沖和好友們仍在那裡談笑，又喝了幾杯，王沖覺得醉醺醺，有小便的衝動，便出門去上廁所。在王沖去廁所時，看到朋友打電話的同時將手放在嘴邊，等王沖回來的時候，那個朋友已經回座位坐定了。

王沖對朋友說：「在外面講那麼久的電話，是有什麼情況嗎？」

朋友說：「老婆在和我商量一件事情，她的那個提議啊，真的讓人沒有思考的餘地！」

「那你是在持否定的態度了！嫂子也真是的，怎能在你生日的當天掃你的興！」

朋友大為驚奇，問王沖：「你怎麼知道我對老婆的提議不滿？」

一個朋友插話說：「他一定是喝多了，亂說的。」

王沖擺擺右手、搖搖頭說：「雖然我喝多了，但我頭腦清醒得很呢！我剛才瞥見他講電話時手放在嘴邊，如果不是對所聊的問題在考慮中，那就是不同意、持批判的態度了！」

另一個朋友說：「王沖你厲害，你倒說說看，講電話時手放在臉部的其他部位是一種什麼心理？」

王沖說：「講電話時，如果手放在眼睛和耳朵處，那是不贊同的表示。如果手放在了鼻子處，那是表示有著複雜的情緒。如果手放在下巴並同時抬頭，那是贊同的意思，低頭則是不認可的條件反射。如果講電話時，用一隻手支撐著頭部，那是表示對談話的內容不感興趣，覺得無聊！」

聽王沖分析得頭頭是道，在場的人無不折服。

朋友補充說：「王沖對我和老婆打電話的結果料事如神，他剛剛說的手放在臉部其他的部位所展現出的心理狀態，我一定要好好的學一學，看誰還敢悄悄的背著我講電話卻不告訴我實情？」

其他的人一聽，都笑了。

【專家剖析】

手部是微表情的一種很好的再現，當它和語言搭配時，其各種態度和想法一覽無遺。例如，如果他振臂高呼，那是在激昂的表態。如果他講話時拍手，說明他很興奮。如果他講話時雙手一攤，那是無可奈何的心理暗示。如果他講話時手舞足蹈，那是在沾沾自喜，是高興的一種情緒。

當然，如上所說的手勢表情主要是指「單手」的，在「雙手」上，我們再舉幾個例子，如果在講電話的時候雙手交叉，說明他有著防禦的敵意。如果在講電話的時候雙手叉腰，說明他在和對方爭論著。如果在講電話的時候雙手打開，說明他願意親近和接受對方。如果在講電話的時候手掌抓手掌，說明他很自信。只是我們在打電話時，大部分是用一隻手拿著電話，雙手所表現出來的微表情就很不明顯，但凡事有個特殊和例外。講電話時，單手的微表情很普遍、常見，是主要的；雙手的微表情很稀少，但也不能忽略。

心理學家認為，手勢表情是可以透過後天學習獲得的。但要得知，同一個手勢表情在不同的個體、團隊或者民族中有所區別，不能以偏概全。

【小提醒】

· 即使對方不想告訴你他講電話時說了什麼，他的手勢表情並不會那麼老實，會無形中向你透露答案，手勢表情不同，緣由自是各異。

· 講電話時手不只有放在嘴邊，也可能放在桌子上，或者抓住身體

外的另一個事物，其所表現出來的心理狀態也很有趣，仔細探知其緣由妙無窮。

- 人的「手機」和「手」是兩個很投合的搭檔，可謂是相輔相成，知其一便可知其二，進而知全部！

◆ 用手機碼錶功能，最想體驗什麼感覺？

【引子】

時光在一分一秒的前進著，不會停留；當我們無聊的時候，會感覺時間好漫長啊；當我們有做不完的事情，忙得焦頭爛額之際，會感覺時間怎麼過得這麼快。

在其他的一些場合和情況，如果我們是在和戀人約會，縱使大半天都過去了，你會感覺時光真快啊；如果你在叢林中被某個吃人的野獸追趕，縱使只有幾分鐘你就逃脫了，你會感覺那幾分鐘就像是過了幾十年。

「歡愉的時光總是很短暫」、「痛苦卻是漫長的」 ……這些常見的認知卻是錯誤的！

手機碼錶功能應時而生，不用猜，它是用來記錄時間的，但手機碼錶是想讓你體驗什麼樣的感覺呢？

【情景再現】

有一個孩子，他總認為時間很漫長，整天在嬉戲中度過。父親見這樣下去不是辦法，「業精於勤荒於嬉」啊，於是對兒子說：「你認為未來的日子還很長吧，那麼你想不想讓未來的日子變更長？」

兒子驚訝的說：「真的能變長嗎？我不信！」

第七章　從不經意間流露的行為知曉想要表達的內涵

　　父親說：「我朋友開了一個『鬼屋』，是培養膽量的，尤其是男孩子們，每年都有數百萬的人去體驗，下週朋友的『鬼屋』閉館三天，其他的參觀者都不會進入，我知會朋友一聲，你就可以到裡面走一趟，一個來回只有幾十公尺的路程，當然，你可以漫步，也可以小跑，你敢從鬼屋裡走一圈嗎？」

　　兒子胸有成竹的說：「我是男子漢，有什麼能嚇倒我的！」

　　到了那一天，在兒子即將要進鬼屋之前，父親說：「我用手機記錄一下，看看你從鬼屋裡走一圈需要多長時間！」

　　「放心吧，爸爸，幾分鐘就搞定！」

　　在父親的默許下，兒子走進了鬼屋。天啊，太可怕了，兒子撒腿就跑，總擔心有人要追趕他似的，兒子驚嚇得頭上直冒冷汗。

　　好不容易兒子跑出了鬼屋，他氣喘吁吁的對父親說：「爸爸，裡面太可怕了，我竟走了大半天！」父親放下手機，說：「兒子，其實，你只用了幾秒鐘！」

【專家剖析】

　　在一些影視劇中，我們會看到一些「慢鏡頭」，這讓我們體驗到了「時間變慢」的感覺。但科學家認為，並不是時間變長了，而在於我們的大腦如何去記錄時間。人在遇到驚嚇、恐怖的事件時，大腦中會對這些事件有更豐富、更密集的聯想，以至於短暫的幾秒鐘，我們會想到很多事情，在這時，我們也會認為持續的時間很長，這只是體驗到的時間比實際的時間拉長罷了。

　　我們用手機碼錶記錄時間，讓每一秒更緊迫，也就是讓人們在每一秒中分出若干個階段，最想體驗的也就是「時間變慢」的感覺，而不是時間拉長了。

【小提醒】

- 對於「爭分奪秒」的人來說，他們更想在一分鐘、一秒內做出更多的事情，也就是他們希望一分、一秒持續的時間拉長，他們想體驗的也是「時間變慢」的感覺。

- 與碼錶記錄時間，體驗的是讓「時間變慢」的感覺相反，度日如年、滄海桑田等讓我們體驗的是「時間拉長」的感覺。

- 時間並沒有變，只是我們的大腦對那一段事件記錄的時間改變。

◆ 時不時的檢查手機是想與人聊聊心事

【引子】

在各種場合，你會看到有一些人，他們一會低頭看看手機，一會又若無其事的做著其他事情；可很快又從衣服或包包裡掏出手機，在那裡滑了幾下。

這樣的動作重複的持續著，他這樣做，是有一種什麼樣的心理狀態呢？

【情景再現】

陽光很好，賀采藍和高鴻寶在大街上漫步，他們已經認識有幾個月了。可是，賀采藍依舊無法確定他們的關係。

他們買了一些小零食，在人群中走動，說笑著。這時候，高鴻寶的手機鈴聲忽然響了，高鴻寶對賀采藍說：「我媽媽打來的，我到對面去接一下。」

於是，高鴻寶到了對面的那條街。

幾分鐘回來之後，賀采藍對於是高鴻寶的媽媽打來電話仍深信不疑，沒有詢問什麼，和高鴻寶依舊在大街上走著。

第七章　從不經意間流露的行為知曉想要表達的內涵

　　沒過一會，高鴻寶下意識的看了一下手機就放下了。賀采藍裝作沒有看到，高鴻寶也沒有向賀采藍解釋什麼。

　　接下來每過幾分鐘，高鴻寶都會看一下手機，直到在一家餐廳吃飯的時候，高鴻寶還偷偷的用手機發了一則簡訊。

　　憑女人敏感的意識，高鴻寶不是在和自己的媽媽聊天。於是，賀采藍問：「你還在和你的媽媽聊天嗎？」

　　高鴻寶不假思索的說：「對啊，我媽媽在叮嚀我一件事！」

　　晚上回到家裡之後，賀采藍向哥哥說了今天的情況。

　　哥哥聽了後，皺了一下眉頭，說：「妹妹啊，他不是在和自己的媽媽打電話，而是有另外的一個女生和他交往啊！試想想看，他如果是和自己的媽媽打電話，有什麼對妳避嫌的？即使是有不適合妳聽到的，但誰會每隔一段時間就看看媽媽的電話，而且他那麼神神祕祕，憑哥哥的經驗，他一定是和妳在一起時另有所思，你們之間不會有可能的！」

　　賀采藍不相信哥哥的判斷，但接下來高鴻寶真的不會主動打電話給她了。

　　好不容易熬過了幾天，又到了一個週末，賀采藍希望高鴻寶會約她出去。但守著手機，從早上等到了晚上，手機依然是處於靜止的狀態。

　　賀采藍覺得不可思議，終於在晚上的時候撥打了電話給高鴻寶。高鴻寶毫不隱晦、直截了當的說：「對不起，我們不合適，我已經找到合適的對象了。」

　　掛斷電話，賀采藍沉浸在想像之中，但她並沒有悲傷，幸好斬斷得及時，不然斬不斷理還亂，只會鬱結難纏。

【專家剖析】

如果一個人在和你在一起的時候，總是下意識的去檢查手機，那說明他是想與另外的人聊聊心事，你並不能吸引他的全部注意，聰明的你就應該懂得知難而退了。

如果你們在一起的時候，有人撥打了電話給他，他看了一下就掛斷了，說明那個打電話給他的人沒有你重要，當然要是那個打電話的人在他心中占據的分量大於你，他就會抽身去接聽電話了。

如果你們在一起的時候，有人打電話給他，他看也不看，說明在他心中，幾乎沒有任何人比你讓他更重視的了。不用管他事後回不回覆對方，這樣的人是應該令你最滿意的。

一個人檢查自己的手機，除了是與別人聊聊心事之外，還有可能在看有沒有客戶發來的簡訊，他工作上可能有其他的事情沒有處理完。

如果在和你在一起的時候，他總是抱著手機，這樣的人最多只可交朋友，如果還想進一步發展為相濡以沫的關係，只是你一廂情願，有可能不久就會讓你享受到對方的人在你這邊，而心卻在別人那裡的這一份孤獨和痛苦了。

【小提醒】

· 手機是能檢查一個人對你陌生還是親近的工具，如果在你們沒有聯絡時，他一個人在那裡檢查手機，說明他孤獨、寂寞，想與人聊聊心事。

· 性格內向的人，在你面前時不時的檢查手機，一定是他另有所思了。性格外向的人，在你面前時不時的檢查手機，他可能只是不想得罪對方而已。性格內向的人全神貫注的聆聽你講話，這才是他沒有其他想法的表現，不會有其他的人和他有另外的某種關

係。性格外向的人，如果毫無戒備的在任何時間、任何地點都時不時的檢查他的手機，那說明他可能是心另有所屬了。

· 在判斷一個人檢查手機的心思時，要首先了解他是不是那種愛說話的人，對於有很多人在的情況下，那些寡言少語的人檢查手機並沒有什麼好大驚小怪的，他只是不善於言辭，透過手機聊天來打發他認為的無聊時光罷了。

♦ 拒絕他人檢查自己的手機是因為什麼樣的觀念？

【引子】

在愛情上，有時候，你懷疑他對你的忠心，就想檢查他的手機。那些隨了你心意的，自然會讓你放心；可是，萬一他拒絕讓你檢查他的手機，你們之間的感情還能維持多久？

【情景再現】

雪兒和哲彥在戀愛中，當然他們之間無話不談，卿卿我我幾乎到了忘我的地步。

雪兒沉浸在這一份享受之中，他們在一起的時候聊天、談笑，他們不在一起的時候保持電話的交流。

只是最近一段時間，雪兒聽好朋友瑩瑩反應：「哲彥總在他一個人的時候和別人傳簡訊、通電話。」

聽瑩瑩的描述，哲彥聯絡的那個人並不僅僅是自己，還有另外的某個人。雪兒也暗地裡觀察，在哲彥沒有和自己聯絡的時候，他還和另外的一個人保持著交流。

為什麼哲彥從來沒有說過另外的一個人呢？雪兒心生猜疑，認為自己一定有情敵了。

在接下來的見面之中，雪兒對哲彥說：「你信不信任我？」

哲彥說：「當然！」

「那麼，你最近是否有新歡了？」

「那是不可能的事情，妳這麼可愛，是我的菜，恐怕天底下再也沒有人比妳更適合我了。」

「既然這樣，能不能讓我檢查你的手機？」

哲彥一怔，說：「檢查手機就不必要了，妳知道我的心思就可以了。」

哲彥越是這樣，雪兒越不想罷休，無奈，哲彥只有把手機遞給了雪兒。

雪兒馬上打開哲彥的手機，想搜尋哲彥背叛的蛛絲馬跡。

但除了和自己的通話和聊天，滿滿的都是哲彥和母親的訊息。原來，哲彥的家裡並不是她想像得那麼富有，他的母親臥病在床，哲彥每天都要問候母親。母親也關心著哲彥的成長、發展與生活。

「兒子，那個叫雪兒的女孩很不錯吧，你要好好的待她哦！」

「媽媽知道自己在世上的日子不多了，我好希望看到你能挽著雪兒的手，舉行一個簡單又幸福的婚禮。」

「兒子，聽你說雪兒是全世界最有孝心的女孩，何時帶過來讓我和你爸爸看一看啊？」

「兒子，前幾天寄給你的家鄉的特產收到了嗎？」

「兒子，媽媽沒有讀什麼書，你說雪兒讀的書也不多，我現在正在自學，瞧，我已經能熟讀唐詩三百首了，以後等我兒媳很忙碌的時候，我好好帶孫子，讓孫子不落伍！」

雪兒看著看著，淚水嘩嘩直流。

從此，雪兒不再考驗哲彥，她反而主動的要和哲彥結婚，因為這樣有責任感，對自己的女人好又孝敬父母的好男人不多了，雪兒可不想讓他成為別人的新郎。

終於，在親朋好友的祝福下，雪兒和哲彥步入了婚姻的殿堂。婚後也果如雪兒所料，哲彥是一個值得依靠的男人，雪兒很幸福！

【專家剖析】

為什麼對方拒絕讓你檢查他的手機，一是他的手機上有著不可告人的祕密，這個祕密是他不想讓你知道的。另一個就是你想檢查他的手機是對他的不尊重，而且他有些壓力、負擔不想讓你去承受，所以他拒絕讓你檢查他的手機。

很多情況下，我們都猜想到了第一個原因，對第二個原因卻視若無睹。

只有考慮得周全，顧全大局，才能不至於錯失對的人，才能不至於讓別有用心的人得逞。

【小提醒】

· 每個人都有自己的隱私，你想檢查就檢查對方的手機，是對對方的不信任。

· 對方如果有什麼心思不告訴你，而透過手機告訴其他的人，一是對你不信任，二則可能是不想讓你承擔過多的負擔。

· 偶爾檢查一下對方的手機，可能有意外的發現，就不要對他放任自流、不聞不問了，連玉不琢都不成器、樹不修都不長直，何況是思想複雜的人類，你不適時的管一管，他可能會另有心思。

◆ 講電話的同時用手指敲桌子是為了引起注意

【引子】

一個人在打電話的時候，如果情緒很正常，他沒有什麼特別的舉動。

這時候，你看到他一邊講電話一邊用手指敲桌子，他這個不經意間發生的動作有什麼深層的涵義呢？

【情景再現】

在一個多年未見的大學同學聚會上，女生們吃得飽足，男生們喝得很嗨。

這時候，薛靈萱聽到坐在身邊的梁宏曠的電話鈴聲響了。梁宏曠正在興頭上，鈴聲都響了半分鐘了還沒有發現，薛靈萱只好用手推推梁宏曠，示意有人打電話給他了。

梁宏曠似懂非懂的樣子，又乾了幾杯，然後一抹嘴，去外面接聽電話了。

同學們依舊暢所欲言，在這些年之中，有的人混得一貧潦倒、至今還單身，有的人事業愛情雙豐收，有的人處處碰壁、時刻要看別人的臉色，有的人可謂是一手遮天、要風得風要雨得雨……

薛靈萱想知道梁宏曠最近這些年在社會中過得怎麼樣了，可是梁宏曠講電話像沒完沒了似的，薛靈萱只好等待。

又過了一段時間，很多男生們不勝酒力，有的乾脆趴在酒桌上就睡了。女生們也覺得，該續下一攤了，比如去 KTV、到附近的溫泉泡澡等。

薛靈萱只好去喊梁宏曠，梁宏曠一邊說「馬上」、「馬上」……一邊在那裡不停的用手指敲打著桌子。

僅憑這個小動作，薛靈萱可以判斷梁宏曠說話有底氣。是什麼讓他鏗鏘有力呢？當然，是社會地位和身分。

梁宏曠好像在責罵某個人，說話的語氣也比較生硬。

終於，梁宏曠講完電話了，回來座位後，梁宏曠很氣憤的說：「現在都是什麼樣的孩子啊？我交代了他好幾遍，他就像沒有長記性似的，我當時真是白說了！」

薛靈萱反過來問：「你是在責罵你的員工？」

「對，上個月剛招收的一名新員工，我當時要是知道他是這樣子的不細心，早就不錄用他了！」

「你們公司最近情況如何？」

「每天很忙，但忙得有成就，很開心！」

「這家公司是你一個人投資的嗎？」

「和我老婆共同註冊、經營的……」

說到這裡，梁宏曠忽然停頓了下來，很驚訝的問薛靈萱：「妳是怎麼知道我開了一家公司？是別的同學告訴妳了？」

薛靈萱很興奮的打了個啞語，只可意會不可言傳。

【專家剖析】

薛靈萱怎麼知道梁宏曠當了老闆呢？是有別的同學事先告知了？不是！

很顯而易見，薛靈萱是一個很懂得用手機讀心的人。薛靈萱之所以這麼肯定，是發現了梁宏曠在講電話時敲打桌子的這個小動作。

一般情況下，講電話時敲打桌子有這幾個方面的涵義：一是當事者不滿，以敲打桌子表達心中的抗議，這一類人往往不掌握著話語權、處在社會中的被動位置。二是情緒不穩定，和對方發生了爭執，為了控制局面和緩解緊張的氣氛，以敲打桌子疏散心中的壓力，另外當不知所措時，也會有敲打桌子

的反應，這一類人往往脾氣暴躁，遇到不合，容易與對方發生衝突和矛盾。三是對不尊重自己的人警告，有時候對方不服從，為了引起對方的注意，會透過敲打桌子提醒對方，這一類人往往有決定權，在社會中擁有較高的身分和地位。

　　文中的梁宏曠在講電話的同時敲打桌子，正是基於第三種情況的原因，員工沒有按照他的要求服從，他自然會不高興了。他一邊講電話一邊敲打桌子，是想要告訴下屬：「我是你的主管，你必須要聽我的！」這是領導者的威嚴和氣勢！

【小提醒】

· 在演講的時候，當講師發現聽眾沒有把注意力集中到他這裡，會透過敲打桌子讓聽眾回神、提醒「不可再一心多用」。

· 和通話時手不知放在哪裡代表著緊張不安不一樣，敲打桌子是其個性頑強、倔強的彰顯。

· 講電話時，敲打桌子的聲音越大、頻率越快，就顯示他對自己的尊嚴和地位受到威脅的感覺越嚴重。

◆ 要求戀人電話簿中只留有自己一個異性的名字，是嫉妒心在驅使

【引子】

在我們和戀人的交往之中，對方電話簿中的聯絡人或多或少的會影響著我們。

為了更放心的讓戀人和自己交往，我們做了一個大膽的決定：要求戀人刪除他手機聯絡人中除了你之外所有和你同性別者的名字。

這種做法看似不可理喻，但透露出了做出決定時的起因。為什麼要求自己的戀人電話簿中只留有自己一個異性的名字呢？是異想天開，還是一時的精神出了問題？

這些都不是，能做出這樣的行為，並不是突發的，這反映了他心裡的一個隱藏的內涵。

【情景再現】

在劉爾嵐第一次遇見靳瑞聰時，他是一個大男孩，總愛微笑，一張嘴就露出潔白的虎牙。劉爾嵐覺得，靳瑞聰就可能是上天派給自己的白馬王子，他心地善良、樂於助人、有一份好工作、家庭背景很不錯……所有這些，讓劉爾嵐陷入了瘋狂的追求之中。

對女生來說，能追到男生，往往比男生追求女生容易得多。很快，靳瑞聰答應了做劉爾嵐的男朋友。

他的風趣、幽默，智慧、儒雅，讓劉爾嵐在一開始交往的一段時間裡沉浸在幸福之中。但還在劉爾嵐做著美夢的時候，靳瑞聰對她說：「妳是我的女朋友，就應該聽我的，我不喜歡妳的手機上存有除了我之外的其他男人，請把他們的聯絡方式刪除！」

劉爾嵐一時傻了，手機上有爸爸、有弟弟、有老闆……怎麼能統統刪除呢？

靳瑞聰說：「只有這樣，妳才會全心全意的愛我，我才會放心的只對妳一個人好。」

對於這些，劉爾嵐摸不著頭腦，在上班的時候無法工作，坐在那裡思緒亂如麻。

劉爾嵐一會站起來去洗手間，一會去列印文件，一會去簽收快遞，一會在電腦上用滑鼠點了幾下網頁，一會又看著手機發呆，一會拿起電話又放下……這些被坐在她身旁的同事崔樂誠看得一清二楚，問：「劉爾嵐，妳這是怎麼了？患了『過動症』？」劉爾嵐長吁短嘆的說：「我真不知你們男人怎麼想的？要求他的女朋友刪除手機中除了他之外所有的男的聯絡方式！」崔樂誠說：「這很簡單啊，要是我是那個男人，對自己的女朋友提出刪除她手機中除了我之外所有男士的聯絡方式，我是這樣認為的，妳不能出軌，必須對我完全忠心，我為什麼這樣要求女朋友呢？因為我表面上對女朋友忠貞不二，實際上我出了軌，這種背叛讓我良心不安，但我又不能讓女朋友知道，為了防止她以類似的手段報復我，我只有要求她刪除除了我之外的其他男士，這樣女朋友就不會背叛我了，就會只在意我一個人了！」

對崔樂誠的一番話，劉爾嵐如醍醐灌頂。

還沒下班的時候，劉爾嵐就打電話問靳瑞聰在做什麼。靳瑞聰回答說：「在上班呢，傍晚去接妳！」

在劉爾嵐的印象裡，每天到這個時候，男朋友都會有喝下午茶的習慣。她便躲在了男朋友的公司旁，一一打量著往來的喝下午茶的人們。

這時候，劉爾嵐看到男朋友牽著一個女孩的手，正在那裡談笑風生。劉爾嵐故意用電話撥通了男朋友的手機號碼，撒嬌的說：「你們現在到了喝下

午茶的時間了嗎？我聽說碧螺春很不錯，就在網路上幫你買了一些，剛才已經到貨了，我傍晚拿給你哦！」誰知，靳瑞聰不耐煩的說：「我正在送一個客戶去機場的路上，我不喜歡喝碧螺春，妳留著喝吧，先這樣了，掛了！」

在靳瑞聰掛斷電話之後，對靳瑞聰的欺騙，劉爾嵐久久不能平靜。

後來，劉爾嵐果真證實了靳瑞聰有出軌的行為，而且出軌的對象不只有一個，劉爾嵐傷心欲絕，和靳瑞聰分了手。

【專家剖析】

一個人如果要求他的戀人的手機電話簿中不能保留除了自己之外的和自己同性別者的名字，那麼這個人是因為嫉妒心強烈所致。他看不得別人對自己的戀人示好，容不得戀人和別人之間有曖昧，更擔心戀人讓比自己更優秀的人搶走。

想想，如果他很有自信的話，在面對追求自己戀人的人面前，會以王者的心態讓他們知難而退、打退堂鼓，或者和對方公平競爭。

為什麼他不敢正面和「情敵」交鋒呢？主要是因為他沒有自己的「情敵」突出，在「情敵」面前他顯得差強人意。由此他對於「情敵」比自己強懷恨在心，只有透過讓戀人刪除手機中「情敵」的電話號碼來獲得安慰。

只要戀人不和「情敵」聯絡，不聯絡便不再有可能，「情敵」就會知趣避而遠之。這充分說明了他的嫉妒心之強烈，是嫉妒心的欲望支配了他只有讓戀人刪除手機中的電話號碼，那些強大的「情敵」才不會過來壓倒自己。

同時，這些嫉妒心強的人，也在努力的去掩飾自己的行為，因為他背叛了戀人，戀人也可能想要背叛他，但是他並沒有察覺到嫉妒的真正起因不是因為深愛，而是因為事先做了對不起戀人的事。

【小提醒】

· 很多時候，我們做了某件事，會感覺別人同樣做了這件事，這時候我們會對別人予以限制，防止此類情況發生的可能，但難以掩飾自己的真實意圖，心理學上將「認為別人和自己有著同樣的心理特徵，如個性、觀念等」的現象稱為「投射效應」（Projection Effect）。

· 對於「要求戀人電話簿中只留有自己一個異性的名字」的極端行為，源於對同性別的競爭者的嫉妒心理，他看不慣競爭者比自己優秀，而在競爭者面前只有認輸，最後只得從戀人那裡下手。

· 有嫉妒心的人多數是失敗的人，他們不光自己苦惱，也對別人帶來無數的干擾，嫉妒並不會讓他們達成所願，反而會讓他們背離目的地，那麼，就應該透過正確方式認識自我、不以自我為中心、克服虛榮心、學會接納和理解他人等方法和步驟，調節、走出嫉妒帶來的陰霾。

第七章　從不經意間流露的行為知曉想要表達的內涵

第八章
從平時的快樂與否，落實讓人捉摸不透的神祕感

◆ 聽別人手機聊天，會煩躁不安

【引子】

　　一般情況下，別人在我們面前喋喋不休我們會意亂心煩，尤其是別人指著我們的鼻子破口大罵時，我們更會怒氣沖天。

　　要是別人針對的對象不是我們，而是在和另一個人手機聊天，是否會影響到你呢？

【情景再現】

　　這是在一輛早上尖峰的公車上，公車行駛到一個十字路口遇到了塞車。

　　俊哲從車窗裡探出腦袋，天啊，塞車長龍前不見頭、後不見尾，而且左右兩邊圍得水泄不通。雖然有幾十名交通警察在疏散交通，公車比螞蟻爬得還慢，半個多小時過去了，竟然沒有走幾公尺遠。

　　這時候車上的人開始煩躁不安，有的在那裡大聲抱怨，有的在那裡急得跺腳，有的在玩手機，有的受不了擁堵怕耽誤了上班的時間，竟然在還沒有到站時司機就讓他下車了……

　　俊哲的心裡也等得發毛，他一會看看手機上的時間，一會把頭伸出窗外看看交通堵塞解決掉沒有。終於，俊哲忍受不住了，拿起手機向一個同事抱怨。

　　他沒完沒了的說個不停，完全當作車上的乘客不存在。

　　終於，有一個乘客青筋暴突，他一把奪過俊哲手中的手機，說：「你還沒完沒了，再惹我，我讓你好看！」

【專家剖析】

　　故事中的俊哲惹了那名乘客了嗎？直截了當的說，他手機聊天的交談聲得罪了對方。

　　科學家認為，對能預知的事物，人的大腦常常會忽略；但對於突如其來的事情，人的大腦常常會格外的關注。

　　聽別人手機聊天，不可能聽得仔仔細細、明明白白，對方在那裡像蚊子叫的嗡嗡嗡的聲響，我們越是不想聽，它就會越進入我們的腦海。

　　尤其是我們還在做著其他的事情，別人手機聊天的聲音會喧賓奪主，影響我們的注意力。研究認為，當無意間聽到別人手機聊天時，會讓我們煩躁不安。我們既無心去做手頭的事情，也往往會被對方的話語叨擾得忘記在做什麼。

【小提醒】

· 科學家曾做過這樣的一個實驗，讓兩組員工在完成一項任務的同時，在第一組員工的工作環境裡放上了一方說話聲的電話錄音，在第二組員工的工作環境裡放上了通話雙方的完整的說話錄音，結果發現第一組員工的工作效率明顯低於第二組員工的工作效率，科學家進一步證實了，只聽一個人用手機聊天遠比聽他們雙方用手機聊天情況要糟糕得多。

· 科學家認為，如果你在手機聊天時大聲說話，會對周圍的人的認知產生影響，他們並沒有愛好偷聽，從認知機理上分析，他們是被你的聊天「被迫偷聽」。

· 如果你不注意手機聊天的掌控，就容易使別人產生不快樂的因素，你們之間就可能有一場干戈。

◆ 查看天氣情況，會促使情緒波動嗎？

【引子】

在沒有手機的時候，電視臺的天氣預報往往牽動著我們對未來幾天的日子持什麼樣的態度。如果是理想的天氣，我們會在那一天出門、晒棉被等。如果是糟糕的天氣，我們會避免淋雨，或者出門的計畫打算往後推等。

我們總喜歡豔陽高照的日子，對陰雨霏霏則是不滿。就像是對烏鴉和喜鵲這兩種鳥，人們習慣的認為烏鴉是凶兆，因此烏鴉像過街老鼠一樣人人喊打；喜鵲則像福音一樣，人人都希望能聽到牠的叫聲。

一旦形成習慣了，就難以改變！

後來，有了手機氣象，未來幾天的陰晴冷暖全部在手掌之中。但是，你今天看三天後是晴天，後天再看就是雨天了，你此時能很平靜嗎？

【情景再現】

對於「天氣預報」，席昊明認為，預報就是預報，不是百分之百的完全準確。因此，他平時只把「天氣預報」作為一個參考的依據。

一天，母親打電話給他，說一年多沒見了，想去看望他幾天。

席昊明查看了一下手機氣象，最近兩天冷空氣侵襲、有大風，第三天是多雲，第四天是晴天。因此，席昊明建議母親第四天乘坐高鐵過來。母親很高興的訂購了第四天的高鐵票。

席昊明也在耐心的計劃著，等母親到來的那一天，一定開著自己的車去車站接母親。幸好，那天是週六，妻子、兒子都有空陪同自己去接母親。

席昊明計畫好了，就等待著母親的到來。

然而，天有不測風雲，在第四天席昊明剛醒來時，聽到外面呼呼的風聲，拉開窗簾，寒風刺骨、大雪紛飛，席昊明的臉一下子垮了下來。昨晚興

奮了一夜，沒想到今早世界已經變成了銀白一片！

席昊明只恨手機給了自己錯誤的判斷！

妻子說：「昨天晚上，手機上的天氣預報就有說今天是大雪，我怕影響你的心情，沒有向你提起。」

然而，無論如何，還得要去接母親的。兒子因外面天冷，怎樣都不願意起床。只有席昊明和妻子，在暴風雪裡艱難的開著車，向車站駛去。

【專家剖析】

天氣的變化會影響一個人的情緒，尤其是溫度對人的情緒影響最大。研究認為，當室內溫度低於攝氏四度時，因為寒冷，人的思維會受到阻礙，做事的效率會降低；當室內溫度在攝氏四至十度時，人會容易發悶，導致情緒失落；當氣溫在攝氏十八至二十度時，人最有熱情，做事的效率會明顯提高；當氣溫在攝氏二十至二十二度時，人容易放鬆心情，產生快樂的感受；當環境溫度高於攝氏三十四度時，由於炎熱，人容易煩躁不安。

風對人的情緒也有著重大的影響，乾熱風會讓人的思維變得遲鈍，解決問題的能力也隨之降低；如果是大風的天氣，人容易心慌、暴躁等。

氣壓也影響著人的情緒，低氣壓的時候，人容易衝動；高氣壓的時候，人容易憂鬱。

我們查看天氣情況，同樣會情緒隨之波動，如果是我們希望的風和日麗的天氣，自然會心情舒暢；如果轉為濃霧瀰漫的陰天，自然會情緒低迷。

【小提醒】

· 我們的心情就是天氣的晴雨表，天氣晴朗，自然會舒暢，天氣陰沉，自然會悶得慌。

· 我們難以改變天氣，但可以調節情緒，可以透過自我安慰、聽音樂、看書、睡覺等方法去實現。

· 快樂是一種心情，更是一種性格，若想擁有快樂的性格，首先培養能讓自己快樂的習慣。

◆ 為什麼錄音裡的聲音和平常說話的不一樣？

【引子】

我們會有這樣子的認為，每種聲音有它固定的形象，如小孩子讀書一定是朗朗的，牛叫一定是哞哞的，鴨子叫一定是嘎嘎的，小鳥鳴叫一定是唧唧喳喳的，河水流動一定是叮咚叮咚的，風吹樹葉一定是颯颯的，打雷聲一定是咕隆的，下大雨一定是嘩啦嘩啦的，敲門聲一定是碰碰的，口渴了喝水一定是咕咚的，放鞭炮一定是劈劈啪啪的……如果你細細留心，仔細的去辨別，這些我們習以為常的聲音和我們聽到的並不一樣。

說得簡單一點，你現在就打開你的手機錄音功能，請錄幾段話，然後播放後你會發現，錄音裡的聲音和平常說話的不一樣。這的確是很蹊蹺的！

【情景再現】

今天的天氣特別好，山谷裡清新怡人，各種鳥鳴聲此起彼伏，韋子羽很喜歡這種感覺，這是他來到此地考察的第三天。

韋子羽是一個生物學家，他對自然界的各種聲音有著紀錄。但是，就在

剛才，韋子羽忽發奇想：能不能記錄自己的聲音呢？怎麼一直忘了記錄自己的聲音？

在韋子羽的印象中，他對自己的聲音很滿意，如果他也能像記錄大自然中的聲音一樣記錄自己的聲音，那將是一種新的研究和發現。

如何記錄自己的聲音呢？韋子羽想到了手機錄音功能。

他打開手機錄音功能，開始錄音。當韋子羽試聽後，不禁驚嘆：「錄音機裡的聲音怎麼這麼難聽？不可能是我的聲音！」韋子羽重新錄製了幾遍，錄音機裡的聲音依舊沒有變化，韋子羽徹底想不通怎麼回事。

【專家剖析】

心理學家認為，對於別人聽到的你的聲音和你腦海中的聲音，你更喜歡在自己腦海中的聲音，以至於別人聽到的和你自己認為的就不一樣。

我們常常在腦海裡對聽到的聲音形成了更低沉、更渾厚的特點，這也是意味著我們對自己的聲音是什麼樣子的已經有很久的推測了，一旦聽到沒有那些熟悉的特質時，我們就會感覺到不安。

你在手機錄音機裡聽到的其實和別人聽到的是一樣的，只是我們偏愛自己聽到的聲音，我們身邊的人較喜歡他們聽到的那個版本。這兩種對聲音的聽覺在單純曝光效應中都行得通。

單純曝光效應（Mere Exposure Effect）是一種心理現象，是指我們對於比較熟悉的事物偏於認可。也難怪，對陌生的人，我們不會覺得他越來越可愛；對自己的親人獲得了成功我們會歡喜，對不認識的人獲得了成功我們會表現得很平淡。

【小提醒】

· 如果他一開始不喜歡你，你逃避反而起了副作用，要是你經常出現在他的面前，提高你在他心中的熟悉度，讓他正確認識你，會增加他喜歡你的程度。

· 錄音機裡的聲音才是真正的聲音，我們聽到的自己的聲音是從前面傳回來的，顯得比較細膩，比從錄音中聽到的要好聽。

· 研究認為，如果你第一眼見到某個人就討厭，單純曝光效應不會讓你喜歡上他。

◆ 騎車的同時手機外放音樂，並不只是解悶這麼簡單

【引子】

經常在大街上，你會看到這樣的一種人，他騎著摩托車，隨身攜帶的手機還播放著音樂，而且音樂的聲音特別響亮，生怕別人不知道他的心事。

這樣的人僅僅是你認為的討厭鬼嗎？不！是否說在這個時候他手機裡外放音樂說明他很苦悶，這只是一種可能！他還有什麼心情呢？那就是與苦悶相反的輕鬆、愉悅心情，這時候的他往往是遇到了什麼高興的事。

【情景再現】

陽光很好，空氣中也花香淡淡，今天是臘月二十一，離新年也不遠了，司徒浩倫終於得到了丈母娘的承認，與苦苦相戀的女友不久就要結婚了。

在丈母娘家裡，司徒浩倫發揮出自己所有的優點，看上去彬彬有禮。

從丈母娘家裡出來之後，司徒浩倫活蹦亂跳的像隻麻雀，在騎上自己的摩托車、返回自家的路上那可是春風得意馬蹄疾。

司徒浩倫很興奮，手機裡馬上播放出當下流行的音樂，而且把音量開到最大。

你看他那個得意的樣子，滿臉都笑成了一朵花，還隨時會做些輕狂的小動作。

經過了城鄉小道，對司徒浩倫的這個行為，很多路人不理解，有的認為司徒浩倫腦袋傻了，在那裡指指點點；有的認為司徒浩倫瘋了，在那裡說三道四；也有的認為司徒浩倫一定是遇到了什麼喜慶的事……對別人的各種猜疑，司徒浩倫並沒有放在心上，他不理不睬，一路騎著摩托車直奔自己的家。

【專家剖析】

司徒浩倫完全不在乎別人的看法，說明他的心情一定到了極致。

如果你認為騎車的同時手機外放音樂，就是他的心情很輕鬆、愉快，那麼，你就錯了。如何辨別他騎車的同時手機外放音樂是什麼樣的心情呢？很簡單！可以從他所播放的音樂中聽出。如果音樂的聲調輕快、流暢，那往往是他有著快樂的心情，如果音樂透露出悲傷，那說明他在不高興的狀態中。當然你也可以從他的神情去判斷出他是快樂還是失落！

這種情況下，他的面部表情會透露，他騎車的同時手機外放音樂，是為了解悶，還是為了活躍氣氛。

要記得，他的表情和音樂的格調是一致的，試想想，誰會在萬念俱灰的情況下，讓那外放音樂就像慶祝勝利的歌聲一樣？

【小提醒】

- 騎車的同時手機外放音樂，他不是瘋了，也不是腦袋不正常，而是此刻心情的飛揚。

- 他之所以騎車的同時手機外放音樂，生怕全世界的人不知道，他一則是釋放心中的壓抑，二則是擴散歡快的氛圍，別人的眼光在此刻情況下，對他已經是微不足道了。

- 能在騎車同時手機外放音樂的人，往往個性直爽、快言快語，生活中也會約法三章的去做事情，對於那些個性多愁善感、鬱鬱寡歡的人，你可能一輩子也看不到他騎車的同時會手機外放音樂。

◆ 傳簡訊，卻很少通話，他的人品可靠嗎？

【引子】

　　現在的成年人幾乎每個人都擁有不只一部手機，尤其是處在情竇初開中的年輕人，手機是不可缺少的必需品，當遇到了自己喜歡的人，好不容易討要到了對方的電話號碼，開始窮追不捨了。

　　然而，「男追女隔層山，女追男隔層紗」。女孩們總能輕而易舉的追上心儀的男生，男孩們卻要付出很大的努力。

　　對於喜歡被動，以矜持著稱的女生而言，如果一個男生大膽的向她表白，每天一打開手機就有無數通那個男生的未接電話，她一定是幸福極了，認為這個男生很喜歡、愛自己；如果一個男生很少和她約會，幾天不見他主動撥打一次電話，女生往往會很失落，認為這樣的男生不在乎自己，不值得託付終生，但是，是這樣子的嗎？

【情景再現】

二十歲的楚若雨正處在含苞待放的年紀，她不僅有著溫柔、賢慧的美德，而且人長得像天仙似的，加之家庭背景又不錯，因此是很多男生夢寐以求的對象。

然而，楚若雨的要求是很高的，她要求對方不僅要高富帥，而且還要每天二十四小時不停的圍繞在她身邊。這樣子的對象是鳳毛麟角，可遇不可求，楚若雨只有降低了自己選擇對象的條件，對方還是要高富帥，但可以不必每天二十四小時都在自己的掌控範圍之內，只要隨叫隨到就可以了。

一開始，不少男生很喜歡這種「遊戲」，團團圍繞在楚若雨的身邊。楚若雨很慶幸！

沒想到一段時間之後，男生們逐漸厭倦了這種被「呼之即來，揮之即去」的惡作劇，一個個棄楚若雨而去，可想而知，楚若雨的心情多麼失落，本想從萬中挑一，誰曾想到她到最後連挑選的機會也沒有！

多年後，楚若雨更渴望的是一種穩固的關係。即使男人不能對自己死心塌地，整天圍繞在身邊，只要心中常常掛記著她也就很滿足了。

這時候，楚若雨遇到了兩個出類拔萃的男士。一個天天用電話和楚若雨聯絡，即使在楚若雨上班或午睡的時候，也可能忽然間被一陣電話鈴聲驚起；另一個比較斯文，他的話不多，和楚若雨在一起的時候都是文質彬彬的樣子，何況各自回到家裡後，他很少打電話，但是每天都會定時的發送問候的簡訊，一到那個時間點，楚若雨就知道他的簡訊來了，果然如此！

後來，楚若雨選擇了和那個並不總是打電話「騷擾」她的人訂了親，這讓另一個男士大為不解：「我是多麼的愛妳，想方設法的給妳驚喜、給妳浪漫，妳為什麼會選擇那個無趣的人呢？他能給妳什麼，哪個女人會喜歡那種人？」楚若雨說：「他和你是性格不同的人，他穩重、練達，不像你毛躁、

愛表現，他懂得尊重我，雖然和他在一起沒有處處讓人意外的驚喜，但這一份平淡、知足常樂才是我婚姻的渴望！」

【專家剖析】

楚若雨從一開始的好高騖遠到後來的務實，她終於知道自己需要什麼樣的結婚對象了。恭賀她，她長大了！

不過，現在的女生很少不喜歡浪漫的，更希望對方每天二十四小時都和自己開心聊天。他們有時候聊了白天，又聊了晚上，真是「你心中只只有我，我心中只有你」！

但這一份新鮮感維持不了很久，都會因為厭倦而成為陌路人。

電話可以是你的紅娘，並不是天天嘴上說愛你，就真的值得你把一生交付給他，愛情在於生活的平淡和長久之中。

你們是要過一輩子的，「若得一人心，白首不相離」！對花言巧語，你需要保持警戒。

當然並不是所有對你愛答不理的人都是「好人」、都值得你依靠，這還要考慮到對方的人品，以及是否是你希望要找到的對象。兩者都吻合了，你們才適合結婚。

【小提醒】

· 很多人是被逼無奈才結的婚，手機會判斷對方對你是不是忠心，選擇品格高潔的人，遠勝於被表面的甜言蜜語所迷惑！

· 在打電話和傳簡訊上，你要考慮到對方的性格，他能否和你走到最後，性格和你吻不吻合很重要。

· 如果你懷疑對方的手機通話、簡訊有問題，可以用第三者的手機試探，他往往對你很有戒心，對第三者卻完全沒有懷疑，你就可以一舉識破對方的真實意圖。

◆ 在什麼情況下，人們更願意用手機看電視直播？

【引子】

直播，能讓我們與現場零距離接觸，因此，很多人喜歡用手機看直播。但你要記得，他們看的很可能是網路直播。

對於電視直播，他們更願意在電視上看或者用電腦看，是幾乎不會考慮到手機的。

電視直播嘛，當然是要用電視機看了。至於他們為什麼會偏愛用電腦看電視直播，因為電腦的平面面積和從電視中所獲取的視覺幾乎一致，他們要欣賞的不僅僅是電視直播的內容，更在乎的是氛圍。

所以，手機幾乎成了電視直播的「冷宮」。

在什麼情況下，人們更願意用手機看電視直播呢？

【情景再現】

時值盛夏，外面的天氣火辣辣，大街上連一個人影也沒有，林偉瀚仍坐在公園的涼亭下繪製著平面圖。

叮鈴鈴，叮鈴鈴……

林偉瀚順手接過電話，是好友凌峻峰打來的。

「喂，林偉瀚，在做什麼呢？過來一起看球賽吧，公牛對湖人，好激烈的場面！」

林偉瀚蹙了一下眉，說：「我現在正忙呢！」

「有什麼好忙的，不就是幾張圖嗎？算我求求你了，我剛才從超市買了幾箱啤酒，還從網路下單訂了外送，賀守信、姚振忠、郭敦儒都在了，就缺你一個了！」

「我也很想去，只是我真的不能去！」

「太不夠意思啦！」

掛斷電話後，林偉瀚忽然想起那個比賽是他期盼已久的，今天是決賽，錯過了多遺憾啊！

林偉瀚真後悔剛才拒絕了凌峻峰。

在他垂頭喪氣之際，林偉瀚看到了自己的手機，他笑了。

即使沒有電腦、電視機，也沒有美味小菜和啤酒，林偉瀚照樣能從手機中體驗那種現場直播的同步感，他樂在其中！

【專家剖析】

科學家做過一項調查，人們用手機看電視直播，並不僅僅是因為他手上沒有電視機或者是電腦。

電視機和電腦只是一個次要的因素，要不為什麼他的電視機或者電腦上不總是電視直播呢？

人們之所以會選擇觀看電視直播，有多方面的可能：一是處在無聊中，又沒有其他的節目可供選擇，觀看電視直播只是為了消遣。二是他們認為電視直播代表著權威，尤其是在一些封閉、落後的國家或者地區，電視直播可能是他們與外界交流的唯一工具，他們之所以相信電視直播有著正確的導向，與他們從小被灌輸的思想和文化背景有關。三是對電視直播的內容感興趣，如果他在看著電視，縱使電視直播的場面多麼轟轟烈烈，如果他提不起興趣，抱歉，他只會轉換頻道。四是電視直播能滿足他的好奇心和對未知世界的窺探欲，這時候即使他是個門外漢，還是樂意觀看下去的。五是電視直播的內容是當今關注的熱門話題，這會促使他有動力看下去。

至於人們為什麼更願意用手機看電視直播，也有多方面的可能：一是他沒有電視機或者電腦。二是他觀看的電視直播，是在當地不受歡迎的，所以他不會用電腦，而是用手機悄悄的「偷看」。三是用手機觀看電視直播，

更能營造一個人的清靜，更能讓他投入去看。四是他出門在外，不方便攜帶電腦或者是電視機，用手機觀看電視直播則滿足了他期盼的心理。五是他有手機情結，任何情況下更願意用手機觀看。六是用手機觀看電視直播，比用電腦或者電視機對附近造成的負面影響較小，不會使得他人厭煩。七是他下載了新的播放軟體，用手機觀看電視直播，只是為了試一試這個播放軟體的優劣。

【 小提醒 】

· 手機與電視機、電腦相比，手機更私人化、有隱祕性，電視機、電腦更大眾化、有廣泛性。

· 手機可以隨時隨地觀看電視直播，具有靈活性，是電視機或者電腦無法比擬的。

· 相較於喜歡與朋友相處的人，獨立、內斂的人更願意用手機觀看電視直播，不是因為他們自私，而是因為他們不習慣分享。

◆ 在瀏覽網站時一彈出手機中毒就馬上退出，有何擔憂？

【引子】

有時候，我們用手機上網瀏覽網頁，不知什麼時候就彈出了陌生的小圖示，那些小圖示往往夠吸引人，促使我們在好奇心的驅動下去點按。

一旦我們進入了那個小圖示所設置的圈套，我們就很難退出來，更可惡的是，我們的手機網路，與我們手機綁定的行動支付等都有可能被別人盜取密碼。

不用說，最受傷害的是我們了！

【情景再現】

謝泰鴻因為犯了罪，在被警方通緝中。因此，他處處很小心。他也很擔心，萬一有一個不小心，就會被逮捕。

謝泰鴻隱姓埋名，但還是沒有對身邊的人有百分之百的放心，所以，謝泰鴻一發現有所異常，馬上突變。

他在手機的使用上也是深思熟慮的，手機上沒有不相干的聯絡人，當然，沒有人知道他現在在什麼地方。

謝泰鴻有一個習慣，就是每天都關注網路上追蹤自己的動態，一發現手機上有什麼不對勁，馬上會關機，逃到另一個地方。像在用手機瀏覽網頁時，一旦提醒手機中毒了，謝泰鴻心想一定是警方搞的鬼，所以，他會不假思索的退出那個網頁。

對於一直處在戒備和防禦中的謝泰鴻，他活得就像是一個工具，心中沒有溫暖，很冷酷、無情！

【專家剖析】

現在的網路很發達，在發達網路的背後也有隱患。當你受不了蠱惑，安裝了惡意軟體，或者是你手機中的某些軟體自帶廣告，我們就可能對那個小廣告產生興趣。以至於我們不知不覺中，在陌生的網站就可能導致手機中毒。

所以，心理學家建議，手機上應該安裝防毒軟體，平時掃描、殺毒，防止手機中存在的病毒隱患。

如果在瀏覽網頁的時候，會彈出很多無關的網頁，平時就應該多加留意了。

對於那些特別誤導人的視窗，心理學家建議，除了封鎖彈出式視窗之外，你也應該有自制能力，不抱著無所謂的心理，別以為裡面會真的滿足你的偷窺欲，更多的是可能使你的手機感染病毒。

在瀏覽網頁時一彈出手機中毒就馬上退出，他擔心著什麼呢？

在他的手機上一定存在著不想讓人知道的圖片或者文件等，這些是機密的，不能洩露給不相干的人。他也可能擔心，「敵對勢力」對他的手機進行了定位，他的手機也可能在被監聽。

他會在現實生活中有一些「死對頭」，他也可能從事的是情報員等方面的工作，一被對方發現一點蛛絲馬跡，就可能滿盤皆輸。所以，他會處處小心，對每一個洩露的可能，他都習慣了如何去應付。

當然，在瀏覽網頁時一彈出手機中毒就馬上退出，還有這方面的可能，他對手機的操作很陌生，總擔心有病毒使他的手機癱瘓，「寧可錯殺，也不放過」。

總之，這樣的人有很強的防禦心，不能夠與人坦誠相處，他還因為對身邊的人不信任，整天十分擔心和害怕。這樣的人應變能力很強，一旦決定了做某件事，不達目的很難會罷休。

153

【 小提醒 】

· 對身邊的人千防萬防，他才會提防每一個資訊都不讓其洩露出去，他有時候瀏覽網頁時彈出手機中毒，會以為別有用心的人置入了惡意的軟體，所以他會馬上退出，避免損失。

· 在瀏覽網頁時怎樣防止手機中毒？一是對手機進行設定，二是不去不安全的網站，三是使用「安全瀏覽器」，四是安裝防毒軟體，五是只去正規網站，六是關閉自動彈出的視窗。

· 盡量與人交心，使心中的危機感釋然，還有，不要從事不法的勾當，不然你總會小心翼翼，整天心驚膽戰。

第九章

從人際關係的好壞，預知行大運還是被疏遠

◆ 手機打卡是記錄考勤的有力憑證

【引子】

小時候，老師不喜歡上學遲到的人；長大工作後，老闆不喜歡上班遲到的人。

「遲到」，可能是我們致命的弱點，不光有可能影響工作進程，還可能在別人都開會開到一半的時候你才走進公司，多尷尬啊！更嚴重的是，你的薪資、年終獎金等因為遲到大打折扣。

與此同時，考勤很重要。目前，辦公室的考勤方法有：手機簽到、IC 卡打卡、指紋打卡、人臉識別、手機打卡等。

手機打卡作為一種新型的考勤方式，對企業來說，可以提升業績，方便與員工溝通；對員工來說，用手機即可完成上下班的考勤。

【情景再現】

毛飛白平時散漫慣了，所以他喜歡自由的上班制度，對嚴格的作息時間很反感。

在上一家公司上班時，因為要指紋打卡，每天都得按時上班、下班，使得他很不自在。

沒有堅持幾個月，毛飛白就從上一家公司辭職了。

最近，毛飛白新找了一家公司，這家公司採用的是手機考勤。據說在距離公司兩百公尺之內，打開手機定位功能，就能打卡、簽到，毛飛白認為這種考勤方式有漏洞可鑽！

而且這家公司各方面的待遇都不錯，毛飛白覺得很欣慰！

他一開始在這家公司上班時也是配合公司的管理制度，但漸漸的，他的老毛病又犯了，又不想準時了。

怎樣在考勤上耍小聰明呢？他想到了用另一部手機放在公司裡，讓同事幫忙代理打卡，誰知那部手機使用過一次就被綁定了，看來，這個辦法行不通！

他又想到了用位置修改器，但後來他才明白手機考勤是在特定的區域網路下，因此他無法修改位置。

毛飛白又想了各種辦法，結果都於事無補，他不得不承認：在這個年代，任何投機取巧都是靠不住的，腳踏實地才是萬全之策！

【專家剖析】

手機打卡具有門禁的功能，會根據持卡人的許可權和時限識別，決定持卡人是否有權進入公司。

手機打卡透過手機定位軟體的簽到簽名功能考勤，解決了考勤地點的分散、缺勤、外勤等難題，對病假、請假等能夠有效的處理。

手機打卡省掉了排隊的時間，可以隨時隨地辦公。

但是，有不少企業要求員工必須連接上企業的無線網路，才算是正常簽到，這縮小了打卡的範圍。

手機打卡，會因為你的手機在你手裡，所以識別率為百分之百。

手機打卡方便了管理者在其他的任何時間任何地點，進行查詢考勤！

【小提醒】
- 現在的人基本上都使用手機，用手機打卡適合大眾的習慣。
- 手機打卡靈活多變，支援手機查詢，支援一定範圍內的異地查詢。
- 手機打卡對員工的 GPS 位置進行監管，每天一部手機只能給一個員工打卡，杜絕了作弊的行為。

◆ 放下電話時回頭，在等待著發生什麼？

【引子】

在我們和戀人之中，能修成正果有情人終成眷屬的是佳話，但畢竟是少數；多數的人在有過一段感情之後，會「你走你的陽關道，我走我的獨木橋」。

愛情就是這麼讓人捉摸不透，一旦兩個人分手了，就可能再也不聯絡。

當某一天你想起他的時候，只是看著他的電話號碼發呆，放心，他也不會打電話給你的。

日子就這樣一日日的過去，曾經有過甜蜜時光的兩個人也各自有了新的生活。

當某一天，你在大街上看到他的背影，你是否會很激動呢？沒有比你分享此刻的心情會讓你更快樂，但你會向誰說你對他的感情還在呢？

你往往會在心中墨守著這一份感情，不想讓第三者去攪和。

你好不容易再一次又見到了他的身影，能傳遞你們之間的這種感情的工具，無非是手機。

但很多人在看到「前任」的時候，是不喜歡主動聯絡的，大多數會選擇避而遠之。

如果不確定這些年來他對你是否還有感情，可以用你的手機撥打一下他的電話號碼，看一看他的反應。

【情景再現】

羅靜嫻、李偉南在幾年前是一對情侶，那時候花好月圓，雙方也在描繪著未來的生活。

但「計畫跟不上變化」，羅靜嫻的爸爸發生了一場車禍。在離別的車

站，兩個情人可是淚眼汪汪，羅靜嫻說：「請等我，我會回來的！」

李偉南也相信他們會天長地久，只是自從那一次羅靜嫻回老家後，她就像從人間蒸發了似的，手機也停用了。

這讓李偉南乾著急！

李偉南猜想了各種原因，但沒有一種原因能讓李偉南堅持相信到最後。李偉南只想知道，羅靜嫻現在過得好不好。

後來，透過一個朋友，李偉南獲知了羅靜嫻的新的手機號碼。他把這個新手機號碼存在電腦上，存在電子信箱裡，存在他幾乎能見到的角落。

可是，李偉南始終沒有勇氣去撥打這個電話號碼。

也許是上天同情他們之間的緣分，巧合還是上演了。

那是李偉南一個人去購物的時候，遠遠的就看到一個熟悉的背影。

李偉南不敢相信眼前的事實，但逃避是無濟於事的。

走近了，看到那個人果真就是自己的「前女友」——羅靜嫻。從羅靜嫻的穿著打扮，李偉南知道，她一定承受了太多生活的壓力和痛苦，不知道的人還以為她是一個阿姨呢！

李偉南很心酸，眼淚忍不住掉了下來。這是他們多年後難得的一面，佛說：「前世五百次的回眸，才換來今世的擦肩而過。」李偉南不能再錯過了，不然可能成為一生的遺憾，但要是直接追過去，就兩人目前的狀況來說不合適，最好是撥打她的手機。

李偉南豁出去了，激動的手在發抖、不知從何開口。

羅靜嫻一看來電顯示，感慨萬千，這些年來，他從來沒有換過手機號碼，是擔心自己再也找不到他了。

羅靜嫻猶豫了一會，接聽了電話。

雖然聲音不像之前稚嫩、充滿著歡悅的氣氛，但彼此能夠感受到溫柔。

原來羅靜嫻是嫌棄自己自從父親去世後，生活的每況愈下，遠遠比不了從小衣來伸手飯來張口的李偉南的無憂無慮的生活。沒想到李偉南真的對這些不在乎，羅靜嫻感動得失聲哭了出來。

羅靜嫻並不知道，李偉南正在不遠處觀察著自己，感情宣洩得是那麼毫不掩飾，以至於都想和李偉南重新來過。

這一切李偉南看在眼裡，明白在心裡！

在李偉南說目前自己就在羅靜嫻的後方時，羅靜嫻馬上放下了電話，並不由自主的回頭。

羅靜嫻看了一會，沒有發現什麼，覺得好失望，就只有和李偉南繼續聊。

李偉南心裡還是喜歡她的，那剛才她一放下電話時的回頭，說明自己也在羅靜嫻心中占據著分量。

既然兩人還「心連心」，為什麼不能再走到一起呢？

李偉南決定追尋自己的幸福，在多次的電話溝通之下，羅靜嫻放棄了心靈上的「界限」，終於回心轉意和李偉南重歸於好了。

【專家剖析】

對於是我們戀人或伴侶的那個人，如果之間有了什麼誤會，可能會「老死不相往來」。

但日子是要繼續的，在你不確定他是放下了你，還是心中依舊有你，你可以在他看不到你的角落打電話給他，如果他看了來電顯示明知是你卻不聞不問，那說明他還對你心存芥蒂，你們難有和好的可能，還是保持「現狀」吧。如果你在打電話給他時，他發現是你的手機號碼就掛斷了，那說明他對你還有意見，而且意見有可能很大，這時候不要希求你們像以前那樣美好，聰明的你還是遠離他吧，他的那一個掛斷手機的信號表示他「由愛生恨」、

對你恨之入骨。如果你打電話給他，他端詳著你的手機號碼一直不接聽，甚至把手機調為靜音，說明他這時候在遲疑，在做出決定中徘徊。如果你打電話給他，他像對待一般的人和你通話，說明他放下了過去，也不再愛你，他更希望你們之間是普通的朋友關係。如果你打電話給他，他看到是你的電話號碼時流露出驚喜，即使他和你通話時語氣很平淡，說明他還是很在乎你的，如果你告訴他你在他身後的不遠處，他一定會馬上放下電話回頭看。

【 小提醒 】

・ 如果某一天你遇到了「 前男友 」或「 前女友 」，你在背後喊他的名字，要是他停了一下繼續往前走，說明他可能把你這個人忘到九霄雲外了，要是他停了一下然後回頭，說明他對你還留有情愫。

・ 一個人不會輕易的表現自己的「 忘記 」、「 想念 」，尤其是在有分歧的愛情之中，雙方都「 自命清高 」、矜持，你不主動搭理我，我也不主動搭理你，如果你忍受不了這種「 冷戰 」，和他通話、他放下電話時回不回頭，是他心靈上真實的展現。

・ 沒有需求的人會頭也不回，任憑你怎麼喊他，這種需求是心靈上的息息相通，只有彼此有真情實感，才會把這一份需求表達得淋漓盡致又十分感人。

◆ 第一次見面就送手機可能是個窮小子

【引子】

如果一個人你對他了解不深，他第一次見面就送你很好的手機，不要以為他是個富二代，他也可能是個窮光蛋。

【情景再現】

現在社會資訊很發達，很多人透過網路交友。但網路畢竟是很虛擬的，有時候你以為對方是個如花美眷，可能已是你父輩、祖輩一類的人了。

線上交友不僅如此，還有其他方面上的陷阱。

蔡玉芬是一個高中生，爸爸媽媽做生意，也是一個名副其實的富二代。

前一段時間，蔡玉芬迷戀上了網路，希望能找到一個志同道合的朋友。

一個叫振國的男生吸引了蔡玉芬的注意，他自詡爸爸媽媽也是做生意，每天閒得無聊、沒有人照顧。一來二往，他們便成為了好朋友。

蔡玉芬還清楚的記得，在他們第一次見面的時候，振國送了蔡玉芬一部當下流行的手機。

憑振國的言談舉止和穿著打扮，蔡玉芬可以判斷他家境殷實，尤其是振國用著中階手機，卻送給自己高階手機，這讓蔡玉芬很感動。

只是最近幾天，振國像消失了一樣不再聯絡蔡玉芬。他們是好朋友，蔡玉芬當然要問問是什麼情況了。

好不容易打通了振國的電話，振國說他爸爸媽媽做生意失敗了，目前的日子很不好過。

蔡玉芬沒有多想，就要幫助這個朋友。當然，在背著父母的情況下，蔡玉芬偷偷的轉了幾千元給振國。可是，沒幾天，振國的胃口更大了，又索要了近一萬元。以後，每當蔡玉芬聯絡振國的時候，總聽到振國那頭無止盡的

抱怨，雖然振國一再許諾等家境好了會雙倍償還蔡玉芬，但蔡玉芬畢竟不掌握著家裡的財政大權。她的小伎倆還是引起了爸爸媽媽的注意！

聽蔡玉芬說起振國的情況，爸爸媽媽就懷疑了。他哪裡是朋友啊，明明是敲詐和勒索！

為了證實自己的看法，爸爸用另外的一個帳號和振國聯絡，當然，爸爸熟透心理學和讀心術，讓振國以為自己是個小女生。在電話那頭，振國依舊說自己是個富二代，家裡很有錢。

如此的欺騙手段又重複上演，當然蔡玉芬也後悔自己沒見過世面。

在警方的協助下，振國落網了。原來，他哪裡是個富二代？只是犯罪集團中的其中一員。他們設陷阱，先贏得對方的信任，然後再裝可憐，再騙取一定的物質財富之後就逃之夭夭。

看到是這種結果，蔡玉芬傷心的哭了。

【專家剖析】

很多時候，別人會一步步騙取我們的信任，再實施他們的目的。

他們深諳「放長線才能釣大魚」，在這個真情難覓的社會，很多渴望關懷的人更容易上當受騙。

別以為他第一次見面就送你手機，表示他家裡很有錢，人心難測，你可以觀察他平時使用的手機，如果他使用的是一般貨，卻不惜免費送給別人高級貨，注意啦，這裡面一定有端倪。

往往在你沒有防範的情況下，他一步步的獲得你的信任，到時候你對他深信不疑了，他當初給你的就會無數倍的從你這邊討回去。

時間能檢驗一個人的真情假意，如果他主動尋求你的幫助，你就要注意了，你先幫了小忙，接著他可能要你幫大忙，對你的要求越來越高，讓你知難而退又不能識破他的陰謀。

【小提醒】

· 別人會透過一步步下圈套，讓你認為他可靠，但那些有困難的人是很少主動要你去幫助他的，尤其是一而再再而三的要你幫助他，這些永無饜足的人只是在利用你的同情和善良之心罷了。

· 不要憑外觀就認為某個人是好人還是壞人，知人知面不知心，時間久才能探知其真實的想法。

· 從對方使用的手機和對方談話的口氣，可以逐漸的去判斷對方是一個什麼樣的人，一個正直的人很難會做違背良心的事，一個虛與委蛇的人，縱使他做了很多「好事」，這也是為了他做更大的壞事鋪墊，「好事」雖多但都如芝麻粒、壞事雖少但足以摧毀一切。

◆ 手寫計算機能減掉內容遺失的負擔

【引子】

在以前很小的時候，老師是不建議我們使用計算機的，不然加減乘除乘方開方……我們都使用計算機，會影響我們的邏輯思維，在期中、期末考試的時候，還有作弊的嫌疑！

我們長大後，不可能再像中小學時那麼無所牽掛了，我們要負責各種方面的情況，數字運算只是我們日常生活中極少的一部分。手機計算機滿足了我們的這種需求！

【情景再現】

倪寶琛在上學讀書時，他的數學成績是一流的，那時候，無論什麼樣的數學運算，到他手裡都是輕而易舉。

進入社會之後，倪寶琛從事了和數學八竿子打不著的職業，以至於多年過後，倪寶琛對那些曾經熟悉的數學運算完全陌生了。

倪寶琛只好使用了手機計算機，不過，他這時候經常擔心計算出來的結果有遺失的風險。

他一開始採用的是圖像計算機，雖然操作很方便，但是在上面的計算內容一旦刪除就再也找不回來了。

所以，倪寶琛選用了手寫計算機，是因為手寫計算機滿足了他內容不遺失的需求。

【專家剖析】

對於不同品牌的手機，其計算機的用處有所不一樣，但大部分的手機計算機不單單只用於數字計算，還有匯率轉換、溫度轉換、時間轉換、體積轉換、房貸計算、速度轉換等功能。

我們日常使用的計算機一般為「圖像計算機」或者是「手寫計算機」，圖像計算機除了可以用於日常的計算之外，還可以用於積分、方程式等高階的計算，它操作起來簡單，還可以在離線的時候使用。手寫計算機方便我們在輸入框裡寫上數字和符號，輸入框就像當年上學時教室裡的黑板，如果我們用手寫發現出錯了，可以直接劃掉，如果我們擔心手寫的內容遺失，可以保存在手寫計算機的歷史紀錄裡，手寫計算機還可以在計算出結果後導入到其他程式，使更多的人能分享到結果。

可見，如果害怕內容遺失的人，會選擇手寫計算機。

> ### 【小提醒】
> · 不少手機計算機有更換顯示畫面的功能，如果每天疲於計算，可以採用這一功能，讓你每天都有新感覺、新感受。

> ・ 不少手機設計為，直立螢幕顯示的是標準計算機，橫放螢幕顯示的則是科學計算機。
>
> ・ 很多朋友會把計算機、放大鏡等不常用的應用程式集中到一個檔案夾裡，這樣的朋友有「強迫症」。

◆ 經常拿手機錄音，出於什麼樣的抉擇？

【引子】

用手機錄音的人不多，尤其是經常用手機錄音的人更是鳳毛麟角，但你還是會發現，有的人習慣於用自己的手機錄音，那僅僅是因為覺得聲音好聽嗎？

首先，我們要辨別，他錄的是什麼樣的聲音、是誰的聲音，如果他錄的是大自然的各種聲音，比如鳥鳴、蟲聲，他可能是個生物學家或記者或只是基於愛好。如果他錄的是芸芸眾生中各種人的聲音，他一定是在做研究和取樣。如果他錄的只是特定某些人的聲音，那麼這些族群一定是他主要觀察的對象。如果他錄的只是一個動物的聲音，比如貓、八哥等，那麼他一定是對貓或者八哥等有著特別的執著和感覺。如果他錄的僅僅只是自己的聲音，不單單只是因為覺得好聽，他的這個錄音有可能成為他事業上的基礎，比如他夢想成為歌手，用手機錄音往往是他踏入門檻的第一步，在其他的情況下，人們也會用手機只錄自己的聲音，比如特別工作的需求。

【情景再現】

鼎宸是一個循規蹈矩的男孩，平時寡言少語，羞於表達自己。但鼎宸心思縝密，很有內涵，他的 Facebook 的點閱量可是如日中天。鼎宸的 Facebook 擁有很多的粉絲，這主要是他發表的內文太吸引人了。不過，鼎

宸在 Facebook 上所發表的僅僅只是文字、照片、貼圖，縱使天天更新，時間一長，粉絲們也會覺得單調。

一次，一個在業界頗有影響力的媒體平臺看中了鼎宸的才華，為了更廣為宣傳，向鼎宸索要一段自我介紹的錄音。

鼎宸當然很珍惜這次機會，可是他從來沒有公開發表過錄音啊，甚至連一次錄音的印象也沒有。不過，鼎宸最終決定還是要試一試。

在鼎宸好不容易嘗試了幾遍錄音之後，終於有一個讓他滿意的，他就發給了媒體平臺。

有了他的錄音，點閱量也很高。不少人很讚賞他的聲音呢！身邊的不少人更說那個聲音比鼎宸平時說話時的好聽多了。

這更增加了鼎宸的信心，之後他大膽的去嘗試在自己的 Facebook 上發表錄音。當然，結果是相當令人滿意的，不光粉絲量大幅度增加，讓別人更了解了自己，而且錄音很方便，不必花大量的時間去考慮文字、照片、貼圖的選擇和修飾等。

【專家剖析】

一個人的錄音，能好好的傳達出資訊，這往往是讓別人認識他的很好形式。

但如果他經常拿著手機錄音就要注意了，他可能是特殊職業的需求，比如警察，他也可能是別有用心者，這樣經常錄別人的聲音是侵犯別人的隱私，到底他心裡在想著什麼，只有他知道。

經常用手機錄別人聲音的人，必須要小心翼翼，他的人際關係很差勁，身邊能和他放心交流的人很少。經常用手機錄自己聲音的人，多數是為了宣傳，就有越來越多的人認識他，他的人際關係的網絡就會越來越廣泛。

【小提醒】

· 記住，在你和他談話時，如果他用手機錄音就要注意了，防範、謹慎的說話，在此時很重要。

· 不經過別人的允許就錄別人的聲音，往往是對別人的侵犯和不尊重，有可能引起別人報復。

· 在一些爭執不休的情況下，錄音很重要，不然法庭上沒有了這個呈堂證供，結局會大為改變。

◆ 有了手機行事曆，時間管理就輕易多了

【引子】

在行動網路時代，效率很重要。不過，由於每天要處理很多事情，常常是眉毛鬍子一把抓，弄得亂糟糟一團又沒有頭緒。如何合理的安排工作、生活和休閒呢？

手機行事曆此時出現得很及時！

【情景再現】

藍慶生是一家企業的總裁，他的社交網絡十分廣泛，因此他總會有各種研討會、論壇講座、宴會、婚禮等的請帖。

大部分情況下，藍慶生是不方便拒絕的。他對每一次邀請都很謹慎，去的時候是滿面春光，回來的時候就是雜亂無章。

如何記錄每一次的安排呢？

在朋友的建議下，藍慶生使用了手機行事曆。他在「四象限」裡，「第一象限」裡放上應該立即去做的既重要又緊急的事情，「第二象限」裡放上

168

有計畫的去做的重要但不緊急的事情，「第三象限」裡放上盡量少做的緊急但不重要的事情，「第四象限」裡放上盡量不做的不緊急又不重要的事情。

同時，藍慶生還結合效率大師艾維利（Ivy Lee）提出的「六點優先工作制」這個時間管理理論一起使用，讓他有張有弛，很充實，又覺得有意思。

【專家剖析】

人們需要日程管理，有一個很大的起因是——節省時間。

手機行事曆，可以選擇有四象限日程安排表格的應用程式，人們可以根據需求，按照輕重緩急，在不同的象限中安排日程，這樣會很直覺，能減少日程銜接上對時間的不合理利用。

對於平時活動比較多的人，在手機上安裝一款合適的行事曆管理應用程式，不僅能邀請別人參與日程，還可以分享自己已經創建的日程，同時，方便協調與多人時間的安排，能同步通訊錄、日程活動等到網路上，也能搜尋每日每月的紀錄，很實用！

手機行事曆結合了待辦事項，可以作為每日完成任務的檢查工具。

用手機行事曆，會讓你把注意力集中到重要的事件上，能讓你提前完成全部的安排，成就感滿滿！

【小提醒】

- 如果你時不時的要參加會議、公開活動等，手機行事曆能幫你理清。
- 手機行事曆除了可以共享之外，還可以保密你的私人日程，充分的尊重了你的隱私。
- 一款不錯的行事曆管理應用程式，需要具有這三個方面的用途：一是紀錄，二是分類，三是提醒。

◆ 手機 GPS 滿足了人們秒速精確定位的奢念

【引子】

首先，我們要知道手機 GPS 是什麼？它怎麼用？

手機 GPS 是手機上除了通訊功能之外，還具有定位、導航功能的一種系統。

手機 GPS 怎麼用？首先，你的手機要有 GPS 功能。在手機 GPS 的定位上，你可以這樣用：第一，安裝可實現定位的地圖軟體；第二，打開 GPS 功能；第三，如果沒有無線網路，可用手機網路定位。

在手機 GPS 的導航上，你可以這樣用：第一，安裝導航軟體；第二，開啟 GPS 功能，打開導航軟體；第三，搜尋目的地，移動的位置就會出現在導航中了。

【情景再現】

在富二代湯家勝二十二歲生日那天，父親送給了他一輛保時捷跑車。

對這輛跑車，湯家勝愛不釋手。所以，在他考取駕照之後，就馬上開起自己的保時捷跑車，帶上女朋友去兜風。

有了這輛保時捷跑車，對湯家勝的事業也帶來了強大的推動。他現在更有自信，登門去拜訪一些名人大師、商業夥伴談合作。

朋友們都羨慕湯家勝有福氣，湯家勝也樂在其中。

一次，湯家勝帶三五好友去海邊遊玩，他們打算在海邊度過一個星期。

他們之中的絕大多數人還是第一次來到這裡，所以都想抽空獨自到附近轉轉。有一個叫符景煥的男生，他很想傍晚的時候到海邊撿些貝殼，體驗一下小時候像電影中的浪漫感覺。其他的人都允許了，符景煥就興高采烈的出去了。

湯家勝看時間還早，就開車帶著其他的人到附近的小鎮參加當地的一個節日了。等回來後，已經是晚上十一點，符景煥還沒有回來。湯家勝和朋友們很擔心，湯家勝馬上撥打了符景煥的電話。原來，符景煥迷路了，他不想給朋友添加麻煩，就企圖一個人按照原路返回，誰知走錯了一個小路，越走越偏，符景煥都不知道自己現在到什麼地方了。

符景煥發現四周冷冷清清，沒有一個人影，也沒有建築，他很害怕。他只有試著找有人居住的地方，終於符景煥看到了一家飯店，他馬上告訴了湯家勝這家飯店的名字。

湯家勝讓符景煥不要著急，他這就和幾個朋友們開車去接他。

在接到符景煥後，湯家勝發現符景煥在這幾個小時裡已經獨自走了一百多公里。

符景煥問湯家勝是怎麼找到他的，湯家勝說：「手機有 GPS 定位啊，能讓我們快速、準確的找到你所在的位置。」符景煥這時候才想起自己的手機上也有 GPS 功能，只不過由於心慌意亂，竟然忘記了！不然，就可以一個人若無其事的回去，何必要勞師動眾？

【專家剖析】

人們為什麼要使用手機 GPS ？因為大多數情況下，人們會有出門在外的可能，當到了一個陌生的地方，往往容易迷失方向，對附近的環境也不熟悉，手機 GPS 解決了人們為確定方位而困擾的後顧之憂。

如果家中有老年人，對他不放心，可以讓他戴一個 GPS 定位器，這樣，既可以隨時和他打電話，也可以透過手機隨時去查詢他的即時位置。

可以說，人們使用手機 GPS，既可以秒速、精確的定位，又增加了安全感，一舉兩得，何樂而不為呢？

【 小提醒 】

- 如果手機的訊號不好，你用手機 GPS 定位，需要耐心的等一段時間。

- 在手機 GPS 導航時，不需要開啟網路流量，當然時間會很長，需要你等待。

- 手機 GPS 定位會方便我們的外出行動，能讓我們及時、準確的到達想要去的地方。

第十章

從自拍的慣性了解首當其衝的需求

◆ 自拍是一種對壓力的釋放

【引子】

當下，自拍蔚然成風，人們為什麼會選擇自拍而不去照相館呢？按理說，照相館中的角度、清晰度等各方面都優於自拍，要不，照相館早就被自拍取代了。

照相館在現在也是經久不衰，尤其是人們拍攝結婚照的時候，一定會去照相館找專業的攝影師，即使他們知道要花費昂貴的代價，也樂意讓攝影師為他們拍攝婚紗照。為什麼他們不選擇自拍呢？在自拍的時候不僅僅大大降低了投入成本，準新娘、準新郎也不至於在攝影師面前顯得拘謹、無所適從，他們更能自由自在的發揮，但是，他們還是義無反顧的選擇照相館，於是，照相館就可能只有抓住結婚的這個市場了。

在平時，人們可不願意麻煩照相館，更樂意拿出自己的手機，隨時隨地，「喀嚓」一聲，一張照片就隨之應運而生了。

為什麼人們要選擇自拍呢？

當今社會的生活壓力大，很多人更是每天苦不堪言，從早上忙到晚上，還要加班，尤其是生活在鄉下的人，那苦日子可謂是沒完沒了，誰會對他們予以同情和關懷呢？他們會寄希望於政府，但他們更多的時候不得不接受現實。他們也有嚮往美好生活的衝動，社會貧富的加劇讓他們不得不面對現實，他們終於承認：現實很殘酷！

為了釋放壓力，自拍是他們尋求解決的一種途徑。

【情景再現】

陳濱海在進入社會之後，事業、愛情上的不順讓他很苦惱，原本一個活潑可愛的男生，如今總是一個人鬱鬱寡歡。

　　為了房租、水電費，還有各種生活費用，他可是精疲力盡啊，但他不能鬆懈下來，因為今天沒事做，明天就可能沒飯吃。

　　別以為他的爸爸媽媽會接濟他，他的爸爸媽媽不光沒有那麼多的錢，也從很早就告訴陳濱海，他應該獨立謀生了。陳濱海也是一個知情達理的人，懂得必須要靠自己的努力，將來才能過上想要的生活。

　　於是，他不得不加倍的付出，即使有時候被社會無情的拋棄，他也不能放棄自己。

　　一旦有空閒的時候，他就會有自拍的習慣。以後每每看到那些自拍的照片，他的心裡會安慰許多。

　　大都市每天的悲歡離合都在上演，夜幕降臨了，躺在被窩裡看著自己曾經的照片，有堅強的，有充滿微笑的，陳濱海會滿懷希望的進入夢鄉。

【專家剖析】

　　心理學家認為，自拍的確能釋放人們在快節奏生活中的壓力。

　　誰不想輕輕鬆鬆，但社會上有高枕無憂者，就會有含辛茹苦者，這種現象永遠不會中斷。

　　對於那些底層的勞動者，尤其是在未開發的國家或地區，他們很少意識到自己的外貌，所以原始人、奴隸社會，即使當時有相機，為了吃飽飯穿暖衣而辛苦工作的人們是無暇自拍的。當人們生活上足以自給自足，精神上的需求便首當其衝，這時候人們才意識到了外貌也是那麼重要，但在鏡子中、湖面上欣賞自己，那已經成為了過去式，人們更樂意的是能留下美的印象。特別是當自己年老的時候，看著年輕時的照片，那真的是回味無窮！

　　在繁忙、勞累之餘，當壓力無處釋放，他渴望得到關注和被肯定的心理在自拍上得到了滿足，他會自然的用手機自拍。用手機自拍，還可以宣洩自己的不滿。

第十章　從自拍的慣性了解首當其衝的需求

研究認為，自拍是一種很好的減壓方式，這不是什麼人的特權，在繁忙的大都市之中，每天為生活勞累的上班族更是求之不得。

你會看到，每逢節假日，有大批的族群湧進公園、遊樂場，特別是在長假，不少旅遊景點一定是人滿為患，他們為什麼都趕在這個時間點集體「出遊」呢？是僅僅喜歡湊熱鬧嗎？不！他們更喜歡清靜的拍攝，誰願意在自己的個人生活照之中，總有一些毫不相關的人搶鏡頭，尤其是在一些著名的風景旅遊景點，有更多的人在排隊與同一個景點留影。他們為什麼不在人少的時候，那時候想怎麼照就怎麼照，因為他們不會那麼自由的，生活上的壓力不可能讓他們天天在放假，他們一年沒有多少天的休息時間，僅僅就是在那幾天，所有的人都休假，所有的人都想在那幾天裡釋放壓力，他們便不約而同的人山人海，你還沒有拍完照，下一個就跟上來要你讓位了。

心理學家還認為，如果人們生活上很清閒，他們會逐漸對自拍厭膩，選擇的是搓搓麻將、衝浪等休閒、享樂的方式。

【 小提醒 】

- 壓力大，人們無處釋放，更沒有辦法分享自己的內心，自拍便成了他們調節的一種方式。

- 人們更願意在風景優美的地方自拍，如果背後是垃圾堆或者臭氣沖天的廁所，人們一定會避之唯恐不及，多麼煞風景啊！

- 自拍顯示著人們的心理需求，當人們生活上無憂無慮，自拍的需求得到了滿足，即使成千上萬的人爭先恐後的去和一個景點留影，他也會覺得無所謂，沒有必要做無所謂的爭執，即使他們錯過了這個旅遊景點，也不會留有遺憾，除非是那些壓力大的人，如果到紐約沒有去過自由女神像，一定會耿耿於懷一輩子的。

◆ 在自拍的過程中能體會到愉悅感

【引子】

手機的相機有一個重要的用處，那就是自拍。我們會根據自己的愛好和選擇拍出讓自己滿意的照片，我們用手機自拍，僅僅是為了拍出好看的照片嗎？

答案是否定的！在自拍的過程中，我們更容易體會愉悅感。

精神科醫生、心理學家佛洛伊德說：「人類在這個世上所做的一切，往往是考慮到逃避懲罰和得到快樂。」

我們的記憶儲存在腦細胞中，有的會消失，有的會長久保留，當然，我們的大腦也會開拓出新的記憶儲存空間，當這些新生的神經鏈一旦被觸動，就會發出慣性的行為，促使人類決定是逃避懲罰，還是得到快樂。

用手機自拍，在自拍的過程中，從拍照、修圖、分享，能體會到之間的愉悅感。在拍照時，我們容易讓自己放鬆心情，以最完美的姿態投入到拍照之中；在修圖時，我們會在把圖修飾得更好看時得到快樂的成分；在分享時，有他人的按讚和誇耀，我們自然會沉浸在自我的慶幸之中。

拍照的過程帶來的愉悅感會使人上癮，因此更多人更熱衷的是拍照的過程中的愉悅感，不僅僅是為了要拍出好看的照片。

【情景再現】

陸念薇是一個離異的女士，很長一段時間她走不出和丈夫離婚帶來的陰影，更讓她掛念的是，她唯一的兒子由丈夫撫養，她一個月只有見兒子一次的機會。

這樣，長時間的壓抑，促使陸念薇愁苦不堪，以至於容顏也有衰老的跡象。

第十章　從自拍的慣性了解首當其衝的需求

　　對女人來說，年輕和美貌可能是一生的賭注。才三十歲，正是風華正茂的時候，此時卻出現了衰老的外在，陸念薇不得不替自己擔心。

　　因此，她想辦法讓自己保持年輕，不光要從外表上去裝飾，內心的修養很重要。她要養成陽光的心態，讓丈夫看到她目前的生活不是再數落她而是高攀不起！

　　於是，陸念薇愛上了自拍。

　　有一些亮麗的女士發現了陸念薇這個自拍的習慣，背地裡嘲笑，有的還說陸念薇是豬八戒照鏡子自找難看。對於別人的閒言碎語，陸念薇並沒有放在心上。

　　她的閨密鄂敏知道了，對陸念薇說：「別人都那麼諷刺妳，妳怎麼不找她們理論呢？要是妳沒有那個膽量，放心，姐妹我一定幫妳出這口氣！」

　　陸念薇說：「沒有那個必要徒增煩惱！」

　　「別人都羞辱你了，我還是最近剛剛聽說，怎麼能忍氣吞聲呢？」

　　陸念薇說：「我自拍並不是為了拍得好看，那些花枝招展不是我的追求，我只是在體會拍照過程中的一種愉悅感。妳看看，在這一段日子，我不常常是以陽光的心態面對生活嗎？哪裡像以前，心裡像吃了黃連有苦難言！」

　　鄂敏的確發現了陸念薇的這一改變，說：「女人有自信心，心態陽光，自然會促使臉色紅潤，事業上也會跟著往上爬，我挺妳！」

　　果然，如鄂敏所料，沒過多久，陸念薇像換了人似的，那魅力和氣質引得無數人競折腰！

【專家剖析】

　　一個人內心的快樂與否，自拍會增加他的快樂，遞減他的憂傷。在這種情況下，不要在乎拍照的結果，更重要的是去體會拍照的過程。在這一過程

中，會讓你處於鬆懈、對壓力釋然的狀態下，你的愉悅感的成分會由此激發和增加，繼而改變你整個人的精神全貌。

記住，結果不重要，過程才最為關鍵。

【小提醒】

· 當別人嘲笑你拍的照片不好看時，不要把那些話放在心上，你需要做的是以更好的姿態到最後讓別人刮目相看。

· 只要在自拍的過程中心情完美到極致，那自然拍攝出來的照片流露出的各方面的狀況也是最好。

· 你現在自拍只當是一個演練，當將來你遇到不順的時候，看著現在的照片，你一定會從中有所領悟，促使你積極、振作起來。

◆ 自拍和缺乏安全感有關嗎？

【引子】

自拍有不少積極的一面，例如讓人充分的展示自我、在分享後贏得他人的尊重等。但心理學家認為，自拍不僅有積極的一面，它還反應了深層次的社會和心理問題，自拍和缺乏安全感有關。

【情景再現】

舒靜曼在進入社會之後，缺乏交際，她也希望有一個知心的朋友，但性格使然，她只好想到了線上交友。無奈沒有出色的照片，和她搭訕的男性很少，更別說是優秀的男性了。

後來，舒靜曼愛上了用手機自拍，每一張修圖修得完美的照片，她都會上傳到交友網站上，結果舒靜曼贏得了無數的追求者。

這讓舒靜曼很興奮、很沉醉，後來一個舒靜曼很喜歡的追求者再三請求要見舒靜曼一面，舒靜曼欣然的答應了。

誰知，對方見到舒靜曼，拋下一句：「照片並不是妳本人，奉勸一句，長得這麼醜，別用美女的照片，虛偽！」

在對方轉身離開後，舒靜曼抱頭大哭，很長一段時間沒有走出這份失落。

後來，舒靜曼還會在自己的 Facebook、推特等地方分享照片，但顯然頻率是原來的百分之一也不到。無論別人再怎麼請求，舒靜曼發誓：永不與對方見面！

【專家剖析】

現在的社會充滿著競爭，當對事物不夠了解或者沒自信時就會充滿害怕，這時候人們會透過自拍自我強化，藉以活在一個「自我物化」的世界裡，這是缺乏安全感的表現。

缺乏安全感的人其存在感會降低，他容易悲觀，有很強的依賴性，當然他的朋友也很少，他的情緒起落很大，內心上渴望被呵護。

從另一個方面說，自拍現象是一種自戀現象，只有透過沉醉在自我的世界裡，他才會對現實感到滿足。

他害怕正面面對，即使自拍照贏得了不少讚譽，也不會去和迎合他的人見面。因為他知道，那些自拍的照片又經過無數次的修飾，難免會和現實的差距很大。別人見到真人後感覺到受騙，自然他會受到很大的打擊。

所以，他寧願活在別人虛偽的追捧中，也不願意與那些打著喜歡他招牌的人分享真實。

心理學家認為，長此以往，他會更孤獨、更缺乏安全感！

【小提醒】

· 藉自拍來炫耀，是內心脆弱，缺乏安全感的一種表現。

· 心理學家認為，當人的需求得不到滿足時，如果自卑、面對挫折畏首畏尾，就容易不安，導致缺乏安全感，缺乏安全感是人對環境的一種消極的反應方式。

· 男人和女人在安全感的表現上是有所不同的，男人缺乏安全感主要在社會上，女人缺乏安全感主要在家庭上，男人事前容易衝動但事後理智，女人事前忍耐性強但事後情緒化。

◆ 上傳大量自拍照，你怎麼看？

【引子】

很多時候，我們在 Facebook、推特等平臺分享自己的自拍照時，往往會象徵性的選擇一張，然後再加點文字和與此事件相關的圖片，這樣就算是大功告成了。

有時，我們會在幾張自拍照中難以取捨，就最終把這幾張都挑不出毛病的照片乾脆一同上傳了。

要是把這一次自拍的所有照片都一起公開分享給其他人，你會這樣做嗎？很多人認為這不是明智之舉，只要上傳最優秀的就可以了，何必所有的都上傳呢？

的確，「言多必失」，分享自拍照也一樣，如果把同一地點同一個時間拍攝的照片全部分享出去，相信不會有人這麼做。但有人卻會這樣子做，把之前每個時間階段的自拍照都篩選出來，然後一起上傳，這樣的人不在少數，你知道他們為什麼要上傳大量的自拍照嗎？

第十章　從自拍的慣性了解首當其衝的需求

【情景再現】

在潘憐珊熟練的使用手機自拍的時候，她還沒有個人網站，對部落格、Facebook 等更是一臉枉然。潘憐珊當時只熱衷於自拍，認為等以後老了的時候看著年輕的動態，那是多麼美好的回憶啊！

後來，潘憐珊了解了 Facebook 等的好處，她決定不能再讓她的那些漂亮照片淹沒在「深宮大院」中了。

潘憐珊在學習和探索中，把自己的優質照片用手機偶爾上傳在各社群網站，每每登入那些社群網站，收到的滿滿都是讚美和愛意，潘憐珊別提有多高興了。

只是她想贏得別人更多的關注、喜歡和愛，猜想把所有的自拍照都分享出去，那人氣一定是爆紅了，說不定自己能被星探相中，成為大明星呢！

在這種心態之下，潘憐珊把能發的自拍照，包括她工作時的、大學時的、中學時的，甚至有幾張小學時的，在各社群網站統統一起全部上傳。

等潘憐珊忙完，已經是深夜了，她滿意的睡了。直到傍晚，她還在睡著，嘴角掛著微笑。

醒來後，潘憐珊做的第一件事就是打開手機，登入各個社群網站。

結果讓潘憐珊大吃一驚，人氣還算是爆紅，但幾乎都是聲討，還有的人說潘憐珊小時候真醜啊，難道去整型了？

看著無數網友的留言，潘憐珊眼睛一酸，淚流了下來。

【專家剖析】

心理學家認為，每個人都或多或少的希望被別人關注，有自拍行為的人少不了這種心理。這是很正常的，人活在這個世上，總要和他人溝通、交流，只有很好的融入他人之間，對自己才是最行之有效的途徑。

我們上傳自拍照，從某一個層次來說，我們不希望被孤立。畢竟社會是

大家的，不是你一個人的，如果你不和任何人接觸，可想結局以悲慘告終。

但上傳大量自拍照，就不是本著合群的心態了。研究認為，這一類人有著嚴重的外貌情結，超級自戀，不然他明知自找難看就不會這樣做了。

這樣的人很膚淺，頻繁的發自拍照，反而不會增加別人對他的好感，帶來的只會讓別人厭煩。

總之，短時間內上傳大量的自拍照，他是虛偽、淺薄、自私的代表，在社會和人際交流中不受歡迎。

【小提醒】

· 發自拍照可以，但是一次公開很多張就有問題了，你不但無法達到好好吸引眼球的效果，而且由於數量眾多，別人不再是欣賞，而是逐一挑毛病了。

· 有時候，言簡意賅，我們說很多反而會被別人吹毛求疵，上傳自拍照也是如此。

· 如果你想把之前很多不錯的照片發表出去，請控制好時間點和平臺，才不會被扣上作秀的帽子遭人唾棄。

◆ 自願分享自拍照是渴望得到認同的表現

【引子】

在我們用手機上的相機自拍了一些照片之後，對這些照片的處理我們有很多種方式：一是覺得不好看的、自己不滿意的就刪除。二是自己喜歡的，有的覺得色彩、光照等還可以，就不去修飾，有的還需要修圖美化一下。三是對自己留存下來的照片，有的我們會上傳到個人雲端空間，有的我們會發送給個別的人，有的我們會分享給大家，有的是透過其他人傳到第三者那裡。

在照片的傳輸途徑上，最重要的就是「自願分享」了。

心理學家認為：「隨著自拍的越來越便捷化，加上各種美顏、修圖軟體，我們的很多自拍照片到最後都能比明星美。這時候，這些『漂亮照片』留在手裡只會浪費了，我們便想到了對自我認同方式的傳播。自我認同會明確自己的身分，會在他人的眼光下審視和分析自己，自拍能很方便傳播這一自我認同感。如果是自願分享自己的自拍照，在分享給別人之前，你已經得到了自己的認同，然後你要尋求更多人的認同。別人會對你的照片從穿著、背景、身材、臉蛋等方面去評論，你便獲得了展示自我的平臺。當別人對你充分肯定之後，你就會自信心增強；當別人對你否定，就會影響你進一步分享的行為。」

【情景再現】

自從魏冠聲愛上用手機自拍之後，那手機裡可是存得滿滿的都是他的照片。

可是，不知什麼時候手機的記憶體就滿了，魏冠聲只有透過刪掉照片來增加內部儲存空間。後來，魏冠聲才知道他的這一做法是愚蠢的，因為他再想到某張照片時，那張照片不知什麼時候已經被他永遠的刪除了。

為了避免留下遺憾，魏冠聲決定在 Facebook、推特等平臺分享照片。這樣，既有利於保留，還能讓他人記住自己美好的瞬間。

魏冠聲就挑選了幾張滿意的照片，在 Facebook、推特等平臺發表。誰知，在魏冠聲滿懷希望的查看別人的按讚和回應時，滿滿螢幕都是對他的數落和嘲笑。魏冠聲的心頓時涼了半截！

他後來才知道他自己覺得好看的，別人並不一定覺得好看。尤其是他應該以大眾的審美觀去挑選照片，所以，魏冠聲還是不忘透過分享照片來獲得他人的認同。

就有曾經數落他的人，現在態度一變，說：「這張很不錯啊，帥呆了，比起以前的那張真是一個在天上，一個在人間！」

其實，魏冠聲更覺得以前的那張好看，但要想贏得別人的肯定的認同，必須從別人的角度出發，以別人的眼光選照片。

很長一段時間，魏冠聲用別人的腦子思考問題，當然他的自拍照的點閱量、轉發量是與日俱增的。

魏冠聲這樣人云亦云，以至於很多人對他的照片的興致減少。

魏冠聲經過嘗試之後才明白：不能活在別人的世界裡，不然就會失去了自我！

【專家剖析】

魏冠聲自願分享照片，是他想渴望認同。但他看中的照片別人不一定能看中，他不喜歡的照片別人反而很喜歡。這時候就要有自己的主見，不然別人說什麼你就認為什麼是對的，那麼你就無從談起自我認同感。

我們自願分享照片，是在分享自己的心情和美好，無論別人承認也好，貶低也罷，都要本著平和的心態去應對。這樣，才會時間一長，得到的認同越明顯。

【小提醒】

· 渴望得到別人的認同在於長時間的堅守之中，越能固守自我，其最後願望的實現越為強烈。

· 如果是別人用你的自拍照去分享，一則是他喜歡你的那些照片，二則他可能在詆毀你的形象、對你實施報復。

· 當得到別人的認可，我們會更有幹勁，進一步去強化自己的認同感，可見，別人的鼓勵多麼重要。

◆ 為什麼女生比男生善用修圖軟體、愛發自拍照？

【引子】

你身邊會有男生和女生這兩種性別不同的族群，他們共同組成了一道亮麗的風景。

男生和女生之間有著明顯的差異。在外部特徵上，男生和女生因第二特徵分道揚鑣，男生的皮膚粗糙，女生的皮膚柔和，男生喜歡沉穩簡練的著裝風格，女生喜歡絢麗多彩的著裝風格；在性格差異上，男生積極、愛冒險，女生保守、喜歡穩定；在思維特點上，男生更理性，他們多數會選擇理科系的職業，女生更感性，她們多數為選擇文科系的職業；在心理差異上，男生喜歡解決問題，女生喜歡分析問題，男生喜歡談論做事，女生喜歡談論情感；在消費觀上，男生偏向於交際、運動等內容，不喜歡討價還價，只要想買就會買，女生偏向於服飾、化妝品等內容，往往要貨比三家，喜歡四處閒逛；在戀愛觀上，男生不著急談婚論嫁，女生總想要解決終身大事……

【情景再現】

在楊高格和邱爾珍成為同事之後，楊高格發現邱爾珍總在 Facebook 分享個人照片。見過邱爾珍的人一定知道，那些照片都經過了修圖處理。看樣子邱爾珍平時粗枝大葉，她怎麼會對個人照片如此細膩呢？

時常的，楊高格去留心邱爾珍的 Facebook 個人首頁，總會看到一些亮麗的新照片，那些照片贏得了不少稱讚和積極的回應。

憑楊高格的直覺，那些照片一定是她男朋友拍攝的，她的男朋友可能學的是攝影專業！

但後來，部門的主管讓他們設計幾張海報時，其他的同事都不會，邱爾珍只好獨攬了全部的工作。

楊高格清楚的看到，邱爾珍在熟練的操作 Photoshop，楊高格頓時傻眼了。

楊高格從此徹底否定了自己以前的看法，他現在認為：邱爾珍在網路上分享的是她的自拍照片，她對修圖軟體的熟練程度不亞於公司裡的任何一個男生，他之前也從來沒有見過在修圖軟體的使用上能超過邱爾珍的。他對邱爾珍有了一個全新的認識！

【專家剖析】

心理學家認為，愛美之心，人皆有之，尤其是隨著年齡的增長，男生的中心轉移到事業上，女生的中心轉移到家庭上。

「士為知己者死，女為悅己者容」，男生更看重的是事業上的成功，女生更看重的是家庭上幸福。

對女人來說，她們一生中最為關注的兩個話題是：年輕和美貌。所以，女生會想方設法在外貌上下功夫。

　　善用修圖軟體，可以遮掩外貌上的小缺陷，滿足其虛榮心；愛發自拍照，會從別人那裡得到積極的回饋，是一種典型的印象管理行為。

　　女生善用修圖軟體，還可以自我肯定和自信，獲得虛擬的關注，甚至贏得他人的尊重；女生愛發自拍照，還源自於她們對「外貌吸引力」這個特質的重視，她們希望能成為萬花叢中最美的那一朵。

　　女生還會因為比較的心理，把她們的照片修飾得恰到好處；女生愛發自拍照，還可以用來展示自我。

　　所以，在用修圖軟體和發自拍照這兩個方面，男生是遠遠不及女生的。

【 小提醒 】

・ 一、在這個世界上，有男人，也有女人，男人的天性是征服，女人的天性是固守，男人有責任感，女人溫柔似水，男人喜歡爭強好勝，女人願意委曲求全，男人粗枝大葉，女人細膩入微，男人主動，女人被動……

・ 二、一般來說，女生在形象思維能力、具體思維能力上占有優勢，男生在邏輯思維能力、抽象能力上占有優勢。

・ 三、只要細心去觀察，男生和女生的差別多得說不清，就應該相互尊重，相互理解和支持。

第十一章

從手機的保養觀念預知你健康與否

◆ 每晚過了九點停止玩手機是一種健康的價值觀

【引子】

一年四季之中，晝夜長短不一。在冬天，白天的時間短；在夏天，白天的時間長。人們也是「日出而作，日入而息」。

雖然「八小時工作制」是法律予以確認的，但三百六十行，每個人的年齡、學識等也不同，不可能所有的人都是「按時作息」的。

那麼問題就來了，我們一天之中是可以無所顧忌、想玩就可以玩手機嗎？為了我們的健康著想，請摒棄這種想法！

【情景再現】

二十出頭的嚴振中學歷不高，也沒有背景，千辛萬苦在一家高級餐廳找到了一份工作。

不用想就知道，那一定是每天很勞累，而且薪資還低。

好不容易堅持了幾個月，存下了一些錢，嚴振中用部分的錢買了一部新款的手機。

這是嚴振中第一次的工作所得，所以嚴振中非常珍愛這部手機，每當想起它的時候，恨不得馬上就見到它。

只是嚴振中太忙了，每天忙忙碌碌，手不曾離開過裝卸東西、打掃清潔、挑菜洗菜等瑣事。

等一天工作完畢，已經是晚上十點鐘了。這時候嚴振中才在梳洗之後，如飢似渴的玩著手機。當然，很多時候都達到了忘我的地步，更有的是通宵！

這讓嚴振中在第二天工作時情緒不佳，更要命的是還沒做多少事就疲憊不堪、瞌睡蟲找來。

領班數落了嚴振中好幾次，嚴振中當場是悔過了，但不久後又會「故伎重演」。

領班便向上跟主管報告了，主管是一個作風嚴厲的中年人，不容許員工偷懶。

「欲加之罪，何患無辭？」很快，嚴振中就接到了被經理辭退的通知。

真是「今天不好好工作，明天就得好好找工作」，嚴振中真後悔當時沒有控制住玩手機的欲望！

【專家剖析】

年輕人愛玩手機是很正常的事情，但千萬別把玩手機當成了家常便飯。

養生專家認為，有不少人喜歡用手機上網或玩遊戲或講很久的電話，以至於成癮，但應在每晚過了九點停止這種行為，理由很簡單，不停止的話，一則讓你把時間浪費在無意義的事情上，二則會讓你第二天萎靡不振、影響正常的工作，三則手機的輻射會逐漸影響你的視力，四則會分散你從事其他事情的集中程度，五則會讓你孤僻、缺乏交流。

當然，並不是所有的人都必須在每晚過了九點就要停止玩手機，像文中嚴振中的情況，可以向後推遲一至兩小時。

養生專家還認為，在正常工作、生活和學習下的人們，也就是按照法定行事的人們，每晚過了九點除了要停止玩手機，還有這六件事不能做：一是工作狂的人不能再牽掛著工作，不然會壓力太大，無法合理安排工作和休息的時間，致使體力不支。二是不適宜劇烈運動，不然大腦的神經會處於興奮的狀態，影響睡眠的品質，可以透過搓腰、揉肚子等和緩的運動達到保健的目的。三是大吃大喝就不必要了，以免對腸胃造成負擔，夜裡還會有睡不好的現象。四是拒絕大量飲水，睡前如果口渴是可以喝適量的水的，但如果大量飲水，常常會夜裡醒來跑廁所，有時候會一夜幾次，你說你能睡得舒服、

香嗎？五是遠離鈣片、綜合維他命，養生專家認為在睡覺的時候，人體內的一些代謝功能「休息」了，這時候如果還服用鈣片、綜合維他命等保健品，不光影響吸收，還會對腸胃帶來負面的影響。六是切忌觀看驚悚、刺激、暴力的節目，因為人在觀看這些節目之後，會在腦海中存有印象，這些印象是消極的、負面的，影響心理健康。

【 小提醒 】

· 如果你擔心每晚玩手機時會玩過頭，請替你的手機定鬧鐘，到時候一定要有自制力，不可抱著「再玩一會」的心態，必須馬上停止。

· 如果你有晚睡的習慣，也別熬夜，因為熬夜會為你帶來這七個方面的傷害：一是胃腸的修復功能受到影響，二是內臟出現心臟病等不良現象，三是記憶力隨之下降，四是由於體內的「瘦體素」減少、人會變胖或超重，五是凌晨一至三點是養肝的最佳時間、此時熬夜會使代謝器官遭到威脅，六是由於免疫力的下降容易感冒、過敏等，七是皮膚變得乾燥、沒有彈性。專家認為，人過了晚上十一點後還不睡覺就算是熬夜，如果到凌晨三點還沒有進入睡眠狀態，以後想彌補熬夜帶來的損失，難於上青天！

· 如果你夜晚難以入眠，可以透過採用側臥的睡姿、飲一杯加糖的熱牛奶、聽平淡而有節律的音樂、到戶外散步一會等方法解決困擾。

◆ 減少兒童對手機的使用量是基於哪些出發點？

【引子】

現在的成人使用手機被認為是很正常的，但忽然有一天，你看到孩子也在使用手機，這會讓你大為驚訝嗎？

為了不讓孩子落伍，家長會買手機給還沒有幾歲的孩子使用。這樣，固然會讓孩子緊跟時代，但最直接的壞處是使得孩子在不知不覺中，熱衷於手機裡的遊戲，影響學習成績。而且孩子的思維比較簡單，往往會因為不法商人的接觸、簡訊等上當、受騙。

除此之外，孩子的各項器官在發育中，手機電磁波對孩子的危害遠大於對成人的影響。

【情景再現】

花弄影是一個單親媽媽，在和丈夫離異後獨自照顧著兒子畢卓豪。

為了讓兒子健康的成長，花弄影不惜付出代價讓兒子上最好的學校，替兒子請最好的家庭老師。

一天，兒子對媽媽說：「別的同學都有手機，我也要有一部！」

「你要手機做什麼用呢？」

「可以用手機查資料，提升學習成績，另外每當想起媽媽的時候，還可以用手機打電話給媽媽！」

花弄影很高興，即使再窮也不能窮孩子，就幫兒子買了一部手機。

在兒子有了手機之後，每天都要到好晚才睡覺，花弄影以為兒子是在寫作業，加之生活忙碌，就沒有過多的詢問。

有一次，老師打電話給花弄影，說：「畢卓豪的成績不知怎麼搞的？一再下滑！而且經常在上課時打瞌睡。」

第十一章　從手機的保養觀念預知你健康與否

「那是不可能的，他最近很努力念書啊！」

「花女士，您應該留意一下，是您們的家庭教育出了問題，還是畢卓豪有了什麼小伎倆？」

放下了電話之後，花弄影仔細想著老師的話，難道是缺少父親的關心，讓兒子在目前的成長階段中停頓了？難道是兒子每天讀書太累，營養不夠？

花弄影猜想了各種原因，仍摸不著頭緒，就在當天晚上，悄悄的溜進兒子房間，看兒子在檯燈下到底做什麼。

她看到兒子正在那裡打遊戲呢，還樂此不疲！

花弄影頓時很惱怒，「哼」了幾聲，兒子卻沒有聽到。花弄影一把奪過手機，兒子嚇得哇哇直哭。

看到兒子可憐兮兮的樣子，並答應媽媽從此以後改過自新，花弄影的心軟了，把手機還給了兒子。

的確，在接下來的頭一個月裡，兒子的成績有所進步，這讓花弄影很欣慰。

然而，又過了幾個月，花弄影忽然接到銀行的電話，說她的銀行帳號欠了五萬多元被凍結了，請求花弄影償還欠的錢，才可以正常使用。

那怎麼可能呢？上個月還一分不欠，這個月怎麼忽然欠了五萬多元呢？

經過多方面的了解，原來是兒子不知什麼時候用手機綁定了自己的銀行帳號。有的遊戲要收費，兒子就那麼不能自拔，五萬多元被揮霍掉了。

花弄影不能再容忍了，抓過兒子手中的手機，狠狠的摔碎在地。

雖然兒子還想透過大哭贏得媽媽的同情，花弄影此時不能再心慈手軟了，不然會害了兒子。

花弄影對兒子說：「我辛辛苦苦工作，你不知道上進，還整天讓媽媽受氣，我是那麼的關心你、愛你，從上一次你成績下滑，我就知道你可能用手機玩遊戲，但當時我原諒了你，沒想到你還故伎重演。兒子啊，媽媽知道你

念書也辛苦，但你知道你做了什麼事嗎？你什麼時候綁定了銀行帳號？我買手機給你是為了讓你學好，你如今這樣不爭氣，我還要這手機有何用！連孟母的媽媽都知道割斷織機的布，她是因為兒子翹課而憂心如焚啊！為何我這個媽媽不能以古人為戒？」

說完，花弄影「啪」的一聲把自己的手機也摔碎了。

這一次如醍醐灌頂，讓兒子留下了深刻的教訓。

從此，畢卓豪不再談手機的事，他把時間花在了念書和幫助媽媽生活的打理上，提升了成績又孝順，花弄影自然是歡喜在心頭！

【專家剖析】

小孩子一旦有了手機，就可能不受約束的發現手機裡的別樣洞天，這樣是讓父母、老師要花更大的工夫才能挽回原來的孩子的。雖然小孩子用手機能得到一些好處，例如在他迷路的時候，能及時和家人聯絡；他可以用手機這個通訊工具更加適應將來快速發展的社會，不至於輕易被淘汰。

但整體來說，小孩子使用手機弊大於利，請拒絕讓你的孩子使用手機！

【 小提醒 】

- 兒童使用手機有好處也有壞處，如果不打算讓他沉迷於手機，也不想讓手機傷害到他，請減少他對手機的使用量。

- 並不是讓孩子擁有高級手機，就顯示孩子身分很高、地位特殊，這一類孩子往往在長大後不知道節約，更難以刻苦努力，成為啃老一族，是父母的溺愛傷害了他，父母的溺愛最終也害了自己。

- 如果你的孩子總找你要手機，他拿去後的時間越來越長才還給你就要注意了，他可能難以控制的偏愛手機裡的「內容」，家庭教育、學校教育占據的分量會越來越少，而且有可能助長孩子的比較心理、讓孩子有一種「得不到就弄壞」的不良心態。

◆ 通話中聲音沙啞，他可能在悲傷

【引子】

在你和一個人通話時，聲音會讓你很容易判斷他此刻的心理。

你看不到他本人，他的悲傷、憤怒、害怕、驚訝、興奮、快樂、輕蔑、厭惡等，是很難透過臉部表情和身體姿態表情被判斷出來的。

語言聲調表情是人的三種主要表情表達方式中的其中一種，可以透過對方在通話中的聲調、語速等，來判斷他的情緒和意圖，從而也有可能判斷其價值觀、性格特徵等。

如果一個人在和你通話時，說話吞吞吐吐，漏洞百出，那說明這個人沒自信，或者言不由衷。如果一個人在和你通話時，說話聲音洪亮，有理有據，那說明這個人往往有不錯的地位，對自己充滿必勝的把握。如果一個人在和你通話時，帶有稚嫩的氣息，說明這個人富有朝氣，心地善良，而且年齡一般偏小。如果一個人在和你通話時，急劇的變調，態度有很大的轉變，說明這個人耐不住性子，脾氣暴躁，容易被別人激怒。如果一個人在和你通話時，平淡無味，比閒話家常還讓你覺得無聊，說明這個人有漠不關心的心理，很多時候遇到困難時不會積極應對，而且有可能過一日算一日⋯⋯

看來，語言聲調表情在電話溝通中著實舉足輕重。

今天，我們就以故事舉例，說一說通話時對方發出沙啞的聲音，他這是怎麼了？

【情景再現】

洪志澤是一個孝順的男孩，他的爸爸患有身體和心理上的雙重殘疾，他的媽媽健康狀況也不是很好。洪志澤的媽媽一直肩負著照顧丈夫、贍養雙親的責任。

從小時候，洪志澤就很懂事，盡量幫助家裡減輕負擔。

後來，洪志澤考上了一所知名大學，自然是讓爸爸媽媽很欣喜。

洪志澤透過勤工儉學，終於完成了學業，並找到了一份好工作。

不過，長大後的洪志澤不能時刻陪伴在爸爸媽媽身邊，也無法總對爺爺奶奶表達自己的愛，電話便成了他和家裡溝通的橋梁。

每逢夜深人靜，或者週末、休假的時候，洪志澤總要打電話問一問媽媽，「需不需要錢？」、「最近好嗎？」、「生活還好嗎？」……媽媽的回覆無非都是自己是多麼幸福，不用兒子牽掛，並叮嚀洪志澤在外面一定要照顧好自己。

洪志澤知道，即使媽媽有苦衷，也可能不會告訴自己。但洪志澤一直沒有發現媽媽有什麼苦衷，如何才能讓媽媽說出自己的不快樂呢？

一個夏日的午後，洪志澤又打電話給媽媽。媽媽雖然口頭上說自己什麼也不缺，父親、爺爺奶奶的近況還好，但洪志澤發現了一個小端倪，那就是媽媽的聲音沙啞了。洪志澤問媽媽最近身體情況還好嗎？媽媽可是吹噓得說很棒！

洪志澤就困惑了，這個時節，媽媽很難會感冒的，聲音沙啞那就說明有不高興的事了。

憑洪志澤怎麼探究，媽媽始終說沒有什麼傷心的事。

放下電話之後，洪志澤的心裡始終放心不下。

恰巧天氣炎熱，洪志澤也無心工作，就請了幾天假，準備好行囊和買好回家的車票，就坐高鐵回家了。

下了高鐵後，還要乘坐公車。

一陣顛簸，洪志澤終於來到了家門口，但他並沒有馬上進門，而是在那裡悄悄的觀察著。

洪志澤看到媽媽從廚房中走出來了，一臉憔悴的樣子，洪志澤很失落。

說也真巧，洪志澤的媽媽在進了屋子後，和父親爭吵了起來。父親的脾氣特別火爆，還打了媽媽幾下。媽媽很傷心、委屈，不得不從屋子出來後又走進廚房。

洪志澤不能再忍了，他衝進自家的院子裡，找到父親，當面數落了父親一番。

父親很不好意思，答應從此以後不再對媽媽動粗。

【專家剖析】

如果一個人說話時聲音沙啞，若不是風寒等疾病上的因素，那一定是他剛剛哭過了，他可能現在還正在哭，只是跟你講電話的時候，強忍心酸，讓你只聽到他的歡笑罷了。

我們要從他的語調、口氣等判斷他此刻的心情，雖然他極力辯解，但是，他的語言聲調表情會毫不留情的還原真實的他。

我們要「見一葉而知深秋，窺一斑而見全豹」，即使他不說，還極力的隱瞞，他的聲音會讓我們知曉真實的答案。

> ## 【小提醒】
>
> - 對一件事，一個人想辯解的話，會說出各種理由，但從他的語言、聲調，能逐漸排除不可能的，還原最真實的、可靠的狀態。
> - 喜怒哀樂乃常見的情感狀態，一個人快樂和一個人悲傷，他流露出來的語言、聲調必然是不同的，細微的去觀察，會找到最靠得住的、最值得讓人相信的答案。
> - 電話處在情感連接的中樞地帶，雖然有時候電話中的聲音會騙人，我們也會判讀錯誤，但「眼見為憑」，你可以親自去見和你通話的那個人，以證實你的判斷。

◆ 每天講很久的電話會得腦瘤，這是真的！

【引子】

隨著通訊的發達和交際的需求，手機必須發揮更大的價值才不至於被主人所拋棄，於是手機的功能越來越齊全，攜帶越來越方便，價格越來越便宜……這讓人在很多場合下都可以使用手機，手機也伴隨著它的主人飄洋過海！

有的手機每天要工作二十個小時以上，主人一想起它的時候，手機就要不厭其煩的向主人提供服務了。

主人會用手機玩遊戲，但大多數情況下是用手機上網，或者用手機和別人通話。

這樣，不光會降低手機的使用壽命，還可能使主人罹患腦瘤，這是真的！

【情景再現】

皇甫軒出生在一個顯貴之家，從小也結識了諸多朋友。他換了很多名牌的手機，每一部手機他都要使用到其「壽終正寢」。

這是為什麼呢？首先，是皇甫軒不大愛惜手機，有時候在游泳池邊打電話的時候，就把手機放在池邊去游泳了，結果回來後手機不見了蹤影。有時候遇到了不開心的事，就拿手機出氣，不是把手機向高空中拋落，就是把手機浸泡在水裡讓它「改過自新」……於是，很多手機受不了皇甫軒的迫害，有的選擇投降，有的選擇自行了斷！

對這些手機，皇甫軒當然會把它們扔入垃圾桶，然後以新的手機代替。

這一年夏天，皇甫軒來到了一個度假勝地，享受著日光浴和各種超級一流的服務。

一旦腦袋暫且舒緩了下來，他的手機就要不停的撥通，有的時候，一邊被當作客人款待著，一邊還用手機不停的通話中。

　　可以說，能與遠方的親朋好友保持聯絡，皇甫軒的手機功不可沒。

　　皇甫軒就像上了癮、著了魔似的，認為這樣才是高級的生活享受。

　　在度假小島待了幾個月，當皇甫軒回來的時候，完全不適應原先的生活了。

　　沒過多久，皇甫軒覺得他的聽力下降，有時候也不能夠理解語言，直到一側半身偏癱，皇甫軒才接受私人醫生的治療。

　　結果令皇甫軒大吃一驚，他已經得了腦瘤，還好目前只是在早期。

　　生命可貴啊，皇甫軒不得不放棄他每天大量講電話的習慣，在接受治療中發呆、回想。

【專家剖析】

　　現在的人熱衷於講電話，別以為無傷大雅，據瑞典的研究顯示，如果你這一生中使用手機不低於兩千小時，你經常接聽手機的那一側頭部，惡性腫瘤找上你的機率比一般的人要高百分之兩百四十。

　　同時，法國的科學家證實，每天用手機講電話半小時，將會增加患腦瘤的風險。

　　相較於經常使用筆記型電腦，法國的科學家認為，經常使用手機患腦瘤的風險，高於經常使用筆記型電腦的族群。

　　這樣，就要控制對手機的使用量。

　　手機的訊號有輻射，一直形影不離只會讓你的身體受傷。

【小提醒】

· 為了工作和生活，如果你每天需要講長時間的電話，可以透過免持聽筒、左右兩個耳朵換著接聽等方法避免腦瘤的發生。

· 對於談話敏感的內容，你可以佩戴耳機或盡量縮短通話的時間，這些會讓你避免語言上的被竊聽、「犯罪」和會讓你遠離電磁波的傷害。

· 雖然使用手機會有得腦部腫瘤的風險，但不要驚恐，法國公共健康發展協會認為，良好的心態有助於降低病患腦部腫瘤的機率。

◆ 睡覺時把手機放在枕邊這不可取

【引子】

在我們即將要入眠時，我們會習慣性的把手機放到枕邊，這樣，當有人和我們通話的時候，我們手一伸就能拿到手機，真是方便又節省時間！

為什麼人們不喜歡把手機放到遠處呢？你可以想像，在夜晚睡得正香的時候，忽然一個「午夜驚鈴」，叨擾了你的好夢，你自然是不痛快，哪還有心思下床走動去拿手機呢？

更多時候，你希望一覺睡到天亮，這深夜中的電話鈴聲響起，你接還是不接呢？你當然要看看是誰打過來的了，如果是無關緊要的人和事，你就可能若無其事的又睡了；如果對你來說是重要的人物，或者可能是某件要緊的事，你自然會心不甘情不願的爬起，用最模棱兩可的聲調和對方通話。

這種情況下，你會希望手機放在一伸手就能夠拿到的地方。

那麼，手機適合放在枕邊嗎？

第十一章 從手機的保養觀念預知你健康與否

【情景再現】

左展鵬的生活態度是：每天做個好夢，睡到自然醒！

他有一個常態，不到午夜凌晨睡不著，所以他會在傍晚到第二天凌晨之前的時間做自己想做的事，包括工作！

左展鵬是個自由工作者，他不會按部就班的像普通的上班族一樣。只要是想「加班」的時候，他就會努力的工作。當累了、睏了、倦了，就躺下休息。

他的手機不用定鬧鈴，如果昨天晚上工作到很晚就會多睡一些，如果昨天晚上很輕鬆的入眠就會早起。

不過，為了通話方便，左展鵬喜歡在晚上睡覺的時候將手機放在枕邊。

後來，左展鵬被邀請到一家醫藥公司上班。一週去公司兩天就可以了，其他的時間左展鵬在家裡完成老闆交代的任務或者自由安排。一開始，左展鵬是不想去公司上班的，但考慮到不用擠地鐵、擠公車，待遇還不錯，就答應了。

在這家醫藥公司，左展鵬了解了很多養生保健方面的知識。他才發現：睡覺時，不適宜把手機放在枕邊！

原來，手機放在枕邊，稍有不留神，就可能把手機壓壞，更有可能在伸展胳膊和腿時，把手機推到床下摔壞。科學家認為，手機在開啟和使用的過程中，會產生危害人體中樞神經系統的輻射，導致失眠、多夢、頭昏、腦脹等症狀發生。應該在睡覺的時候，把手機放到床頭、櫃櫥等和身體有一定距離的地方！

左展鵬開始嘲笑自己以前錯誤的認知了，那時候他不願意把手機放到和身體有一定距離的地方，有一個害怕被別人偷盜的擔憂，現在想起來，真是杞人憂天啊！

【專家剖析】

很多人習慣在睡覺之前玩手機，以至於在他們入睡之後手機是放在枕邊的。不要認為這樣既方便又省事，為了遠離手機電磁波造成的刺激和傷害，請與手機保持超過二十公分的距離。

推薦晚上使用手機的幾個小竅門：一是如果要把手機放在枕邊，請事先關機。二是如果家裡有耳機就使用耳機，耳機能減少手機輻射造成的負面影響。三是如果家裡沒有耳機，在通話時，先把手機放到離身體遠的位置撥打或接聽，再把手機放到耳邊。四是不要關燈玩手機，那會使你視覺疲勞、降低你的視力。五是減少每次通話的時間，如果通話的時間較長，以左右兩隻耳朵交替使用更為安全。六是當手機的訊號弱時，以不接聽電話為妙。七是手機的背景色不宜太刺眼，建議調整到一定的對比度。八是在睡覺前一個小時之內，請減少用手機視訊聊天。九是目前使用鋰電池的智慧型手機很普遍，這樣的手機在電池充滿之後，會自動切斷電源，不用擔心過夜充電會損傷電池，但要是充電器不是原裝的，而是品質不過關的，就可能致使充電器燒毀，傷害到手機。

【小提醒】

- 睡覺時把手機放在枕邊，幾乎到了形影不離的地步，一個很常見的族群是「手機控」，這一類人有手機情結，一旦手機不在身上就覺得若有所失。
- 手機在剛接通時輻射最大，這個過程時間很短，有可能不到一秒，所以在睡覺前不應有過多接聽電話的習慣。
- 睡覺前，手機要遠離頭部。

◆ 晚上吃番茄能抵抗手機的輻射，是這樣子的嗎？

【引子】

在手機為我們帶來便捷的同時，其發射的無線訊號，造成了手機輻射。手機輻射有這些方面的壞處：一是未成年人的神經系統容易受到手機輻射的影響，如果未成年人長期使用手機，不僅會致使記憶力衰退，還可能誘發煩躁不安等症狀。二是澳洲的科學家認為，手機比香菸的危害更大，這也得到了其他很多科學家的證實。三是如果接觸手機的電磁輻射時間越長，音量大的話，就會對耳朵造成影響，形成耳悶、耳鳴等症狀。四是手機輻射容易對人的大腦產生破壞，使人患上帕金森氏症、老人痴呆症的機率增加。五是如果頻繁的接聽手機，可能會患上白內障這個症狀。六是手機輻射能讓我們的情緒變得沮喪……

既然手機輻射有那麼多壞處，我們該如何預防呢？

你可以採用這些方法：一是該關機的時候就關機，關機了不會產生輻射。二是確保購買手機的品質，選擇有品牌信譽的手機，杜絕水貨。三是如果身邊有普通電話，以普通電話代替手機為佳。四是在訊號涵蓋率比較差的地方，如電梯裡、地下室，撥打手機的次數以少為宜。五是避免頻繁的切換區域，如天天叫車、經常出差等情況。六是手機使用者在飲食上可多吃些綠色的蔬菜，如海帶、菠菜、蘿蔔、地瓜……那麼，蔬菜中的番茄是否能抗輻射呢？

【情景再現】

番茄是在夏季常見的一種蔬菜，紅紅的樣子活像個害羞的孩子。別以為番茄只可以保護肝臟、維持胃液的正常分泌、預防夜盲症。番茄的好處多得說不清！

這天，在下班回家的路上，潘思柔特別轉進菜市場，她的兒子最近中暑了，番茄有助於防治。

潘思柔在挑選著番茄，這時居住在同一個社區的柳采苓走過來，對潘思柔說：「妳也來買菜啊！聽說柑橘有抗輻射的作用，只是市場上早就賣完了，能推薦我另一個能抗輻射的嗎？」

潘思柔說：「番茄就可以啊！」

「番茄為什麼能夠抗輻射？」

「番茄的主要營養是維生素，它富含的維生素 C 能防癌、抗癌！值得一提的是，番茄含有的維生素 P 具有抗氧化的作用，會保護抗氧化維生素、清除危害人體的自由基，這樣，番茄對手機、電腦等輻射有很好的抵抗能力。」

「看來，應該每天晚上吃點番茄了，現在的日子好一點了，不能再捨不得花點小錢享受高品質的生活了。」

「對，晚上吃點番茄，還可以幫助人體疏通消化道，妳先生不是有口苦口臭的毛病嗎？推薦他也多吃點番茄，會改善他的口苦口臭。」

【專家剖析】

番茄是一個很有營養價值的食品，我們在享受品質的生活時，不能忽略了番茄。

特別是在夏天，番茄真是應時令啊！滿足了很多人的口福，對很多人的食欲不振、胃熱口苦等有很好的療效。

番茄是抗手機輻射的一種優良蔬菜，如果晚上忙到很晚，生吃或煮熟番茄，在防治黑眼圈、避免手機輻射之外，還可以讓我們保持皮膚的白皙，真是一舉多得啊！

【小提醒】

· 吃飽、穿暖已不再是現代人的主要追求了，樂活生活更貼近人們的心靈，在一天的忙碌下來，我們很難會再享受天然、環保、綠色、有機、健康、時尚的樂活生活，況且使用了一天的手機已經很疲憊了，這時候多吃些對眼睛有益的食品包括番茄等很不錯。

· 科學家認為，為了減少手機輻射帶來的危害，這八類人要和手機保持距離：一是青少年兒童，二是年齡超過了六十歲，三是孕婦和母乳餵養者，四是患有白內障的人，五是患有心臟病的人，六是有癲癇病，七是有痛風、糖尿病等內分泌失調導致的疾病，八是有嚴重的神經衰弱。

· 高級的手機並不能決定你的生活水準，如果你不去預防手機輻射，你的生活可能變得混亂不堪。

第十二章

從神祕離奇事件還原最可能的現場

◆ 經常把他人手機鈴聲聽成是自己的，這種知覺不可靠

【引子】

經常你會發現身邊有這樣子的人，當別人的手機鈴聲忽然響時，他會去檢查自己的手機，看看是誰來電給他了。但很快，他一臉沮喪的把手機放回去，因為他發現並沒有人打電話給他，是他身邊的某個人在接聽電話。

這樣經常有「我的手機鈴聲響了」幻覺的人，是一種正常的心態嗎？這是他先天就具有的，還是後天養成的？他還有其他方面上的哪些特點？

【情景再現】

今天是國定假日端午節，明天是週六，後天是週日，因此，上班族難得有三天的自由安排。

趁現在是初夏，天氣不是多麼炎熱，外面的世界也一片欣欣向榮，盛健雄決定在這三天好好的旅遊一番。

一大早，盛健雄就踏上了去郊區旅遊景點的公車。

正在自己睡意朦朧的時候，好朋友宣智輝打來了電話，盛健雄知道是邀請他去打麻將。盛健雄對麻將已經了無興趣了，就不接聽電話。

這時候，上來了一個乘客，他坐在盛健雄前面的位置上。

過了一會，宣智輝又打來了電話，盛健雄正準備把手機設定為靜音時，剛才上來的那個乘客正在翻手機，他看了一會，就把手機放回了原處。

盛健雄對眼前的這個男生的行為很感興趣，誰知，宣智輝第三次打來了電話，盛健雄發現眼前的那個乘客又在翻手機，像剛才一樣又失望的把手機放回原處。

盛健雄以為是手機鈴聲打擾了他，就把手機設定為靜音。

快要下車的時候，盛健雄把手機調整回通話時的正常狀態，可巧，宣智輝又打來了電話。

盛健雄起身準備下車，他前面的那個男生也一邊準備下車，一邊自言自語：「這是哪個討厭的傢伙，打了幾次電話卻沒有來電顯示，看我下車不好好的收拾他！」

盛健雄聽了，偷笑著。

【專家剖析】

俗話說：「冰凍三尺，非一日之寒。」盛健雄前面的那個男生有如此的行為，說明他已經是「手機控」這一類族群了。

手機控也叫「低頭族」，他們總有「手機鈴聲響了」的幻覺。不要以為這是可以輕易改變的，如果你去留心，還會發現他有這些反應：他會經常把手機放在身上，沒有手機，其他很多事情難以正常進行；當訊號不好時，他會變得急躁；他會時不時的查看手機；他的手機幾乎沒有關機的狀態……

這一類人有「手機控」的種種條件反射，可以說對手機的偏愛已經根深蒂固了。

專家不建議對手機形成嚴重的依賴，所謂「物極必反」，你可以透過多參加團體活動、多和朋友見面、增加生活情趣的多樣化、為自己制定短期的改變計畫等方法回歸自我，不讓「沒有手機的日子」成為遺憾！

【小提醒】

・ 「手機控」一族有很多不良習慣，應從現在開始學會調整，不然就可能後悔莫及。

・ 在手機為我們帶來便利的同時，不要被手機所操控。

・ 有手機情結的人，要懂得適可而止。

◆ 某一天別人用你之前的號碼打電話給你，不是你的手機被偷了

【引子】

很多年之後，忽然有一天，你的手機電話鈴聲響了。你看看來電顯示，那個號碼很陌生卻似乎又很熟悉。

原來，那是前幾年自己用的電話號碼啊！為什麼忽然間會撥過來給自己呢？

事情已經過去那麼多年了，此時你不必擔心是你的手機被盜了，也不必擔心你的手機被別人撿去了。這時候，往往有兩種可能：一是這個打電話給你的人之前和你有某種關係，二是你用之前的電話號碼綁定的銀行帳號、信箱等和對方發生了意外的關聯。

【情景再現】

蘇煥士在一天下班回到家裡後，忽然間手機鈴聲響了。

脫掉外套，換上拖鞋後，蘇煥士來到了陽臺邊，拿出手機一看，讓他大吃一驚，這個號碼怎麼那麼熟悉呢？這不是前幾年自己經常使用的那個電話號碼嗎？

懷著種種疑問，蘇煥士還是接通了那個號碼。

對方是一個陌生的聲音，他對蘇煥士說：「你前幾年綁定的一個電子信箱已經好久不用了吧？我想在那家公司註冊個電子信箱，誰知他們說我的手機號碼已經註冊過了，我用驗證進入了那個電子信箱，發現裡面有不少你的資料呢！我費了好大的功夫，才聯絡到現在的你使用的電話號碼！」

蘇煥士這時候恍然大悟，的確自己前幾年一直在用著那個電子信箱，誰知後來換了手機號碼，再想用那個信箱時已經忘了信箱的密碼了，要找回密

碼很簡單，除非用原來的手機號碼，只是原來的手機號碼蘇煥士沒有實名認
證，在各種考慮和壓力之下，蘇煥士只好忍痛割愛。

沒想到多年之後，有另一個人要在那個網站註冊電子信箱，而且需要手
機驗證。一旦手機在同一網站上綁定過，這個網站就會有提醒。

雖然蘇煥士懷疑對方可能是騙子，但聽對方說得頭頭是道，尤其是在用
著自己原來手機的電話號碼，加之那個信箱中有不少重要的資訊，蘇煥士便
對此深信不疑了。

果然，蘇煥士找回了原來的信箱，綁定了現在正在用的手機號碼。蘇煥
士很感動，想當面致謝那個人，誰知那個人說：「我們能用同一個手機號碼
算是有緣分，我幫助你也是應該的，祝你好運！」

蘇煥士感慨，世上有這樣子的好人已經不多了。

【專家剖析】

有時候我們用手機綁定的其他資料，一旦後來我們忘記了也不再用那個
手機號碼了，就可能再也找不回來了。

尤其是現在有不少盜帳號者，你沒有認證，想再找回真是難如上青天！

你應該好好的保存自己的隱私，不必要的人就不應該讓他知道。

如果某一天你在購物中心走著，你一摸口袋自己的手機不見了，聰明的
人會馬上用朋友的手機打電話凍結，然後盡可能快的到電信業者那裡用原來
的號碼再辦理。

不要以為丟了手機就無傷大雅，更不要在丟了手機之後漠不關心，你以為
在人群之中，你的手機真的是掉在地上了嗎？為什麼你回去原來的地點找了一
遍又一遍，你的手機仍沒有蹤影？更可惡的是，你的手機不知被誰關機了。

在現在的這個社會，手機上有你經常聯絡的電話號碼，還有你綁定的行
動支付等。如果對方是個好人，他不會關機的，更有可能在原地等你，但是

他沒有。不要再傻了，好人好事一般只會在電視劇中才發生，你的手機一旦遺失就可能再也找不回來了。還不如接受現實，以免你手機上的資訊被不法分子用於不正當的手段。

【小提醒】

· 一個手機號碼被停用幾個月後，如果你沒有在電信業者那裡特殊辦理，某一天那個電話號碼就可能是別人的了，別人實名驗證後，你就可能再也找不回來了。

· 多年之後，當你去撥打原來好友的電話，發現那個電話號碼已經換了主人，也不要驚訝，說明你的好友也可能換了電話號碼並沒有讓你知道。

· 在我們的手機上，一個電話號碼就代表著一個人，是我們身邊真真實實存在的人，但你都有可能手機是雙卡，何況是別人，用三個號碼、四個號碼更不足為奇……尤其是在一些租房資訊中，你記下了很多不同的電話號碼，帶你去看房子的可能是同一個人！

◆ 一邊走一邊玩手機，有使交通堵塞的能力嗎？

【引子】

首先，我們來剖析一下一邊走一邊玩手機人的心理，在別人都匆匆忙忙的時候，他還能悠然自在，說明這一類人的心理比較輕鬆、壓力小。

他一邊走一邊玩手機只是為了打發無聊的時光，當然是在時間充足的前提下。

如果說他一邊走一邊玩手機，會致使交通堵塞，你認為有可能嗎？

【情景再現】

今天的陽光特別好，林漫妮還在沉睡之中，等鬧鐘都響了好幾遍，她才睜開朦朧的雙眼，伸個懶腰、慢慢的爬起床。

等梳洗、打扮完畢，林漫妮帶上公事包，買了早點，漫步在馬路上。

林漫妮這是在度假嗎？不！今天是週末嗎？也不對！

這是在正常的上班日，為什麼林漫妮這麼清閒呢？因為最近一週沒有什麼要緊的事要做，且林漫妮居住的地方離公司不遠，平時只要走路半個小時就可以到達，尤其值得一提的是，林漫妮上班不用打卡。這麼好的待遇，林漫妮怎能放過不去舒適的享受呢？

看著同齡人此刻還在擠公車，林漫妮覺得自己比他們幸運多了。

吃完了早餐，林漫妮覺得無聊，就從公事包裡拿出手機，看看從昨天晚上到今天早上發生了什麼有趣的事。

她一會翻看新聞，一會翻看朋友們的動態，自是不亦說乎。

在林漫妮快到公司的路上，有一個十字路口，這個十字路口交通十分繁忙。林漫妮看著是紅燈，就在路邊等待著。

忽聽得一陣哨子聲，林漫妮猜想是對面的綠燈亮了，就不由自主的腳步向前挪。

林漫妮把注意力集中在手機之中，並沒有聽到交通警察在喊她，即使是聽到，她也以為是在和別人說話。

一個司機看到，有一位女孩在闖紅燈，急忙的「剎車」，他這一剎車，緊跟在後面的那輛車「碰」一下撞上了。

接下來發生了不可思議的、只有在電視劇裡才能見到的鏡頭，一輛輛汽車撞在前面的那輛汽車上了。

在林漫妮走過斑馬線後，還不知身後發生了車禍，交通堵塞了。

當然，林漫妮很快被交通警察喊住了。

林漫妮這才從手機的沉醉中驚醒，沒想到不經意間的玩手機，造成了這麼大的車禍，悔不當初啊！

【專家剖析】

現在的手機可謂是很普遍了，很多上班族都有一邊走一邊玩手機的習慣。殊不知在過斑馬線的時候，如果不留神，就可能發生車禍，使得交通堵塞。

專家認為，在上班的路上，不妨讓手機休息一會，你可以看看路邊的風景、轉轉眼球，這對護眼是有良好作用的。

特別是在過馬路的時候，為了人身安全著想，你必須要注意紅綠燈、看好左右來往的車輛。這時候請放下你的手機！不然，萬一不小心就是生命的代價啊！

如果一個人很匆忙，有很多事情要做，他沒有那個閒情逸致一邊走還一邊玩著手機。因為他知道，只有在投入工作，工作的品質等才會有提高的保障。

【小提醒】

· 我們在馬路上玩手機，有可能讓我們忘卻身邊的事物，想想，人來人往、車輛川流不息，一個不留神，就可能發生禍端。

· 如果你認為時間還早，就透過一邊走一邊玩手機來打發，結果你就可能忘記了時間，耽誤了你要做的正經事。

· 手機是個好東西，但不建議我們在路上投入的去玩，尤其是在步行的時候危險性更大，當然，要是你乘坐公車或者地鐵等，適當的玩手機還是有一定的好處的，關鍵是要適可而止、因時制宜。

◆ 兩部手機只用一個手機 SIM 卡，表示工作上的勤奮

【引子】

通常，一個人有一部手機，如果有兩部手機，你也不會大驚小怪。

如果某一天你發現他隨身攜帶兩部手機，卻只有一個電話號碼，你會好奇嗎？

當然，你想知道，如果只有一個電話號碼，何須兩部手機？

他這樣是在炫富嗎？不！他是無聊嗎？也不是！

為什麼只有一個手機 SIM 卡，他的兩部手機卻要同時工作？答案很簡單，他是一個工作上勤奮的人。

我們知道，一個手機 SIM 卡對應著一個電話號碼，同一個電話號碼不可能同時在兩部手機上使用。

他的一部手機是用於正常的和別人交流，那麼他的另一部手機有什麼作用呢？

【情景再現】

現代社會，多媒體迅速發展，一個人如果不掌握著先進的技能，就可能隨時被淘汰。為了以防萬一，當我們懷疑自己的智慧時，要記得：勤能補拙！

傅飛揚深諳這個道理，他自知天賦上比別人矮一截，為了不至於永遠的落後別人，他希望透過刻苦努力改變自己。

在白天，他大部分的時光花費在公司裡，晚上回到家裡後他就可以自由的支配時間了。

當一部手機沒有電了，他會透過另一部手機連接無線上網。這個看似「多此一舉」的手機，讓他補充著各方面的知識和營養，不用擔心被打

擾。而且兩部手機的性能不同，傅飛揚會根據所需，在不同的場合選擇最搭配的。

為什麼傅飛揚不使用兩個手機 SIM 卡呢？他認為，那樣會分散有限的時間和精力。為什麼傅飛揚不單單只用一個雙卡的手機呢？雖然那一部手機看似能滿足傅飛揚的要求，但畢竟一部手機的容量有限，兩部手機才能更好的分工。

當需要某一種資料時，他能清楚的知道在哪一部手機上有所保存，並且花很短的時間翻到它。如果把所有的資料都存在一部手機上，當要找某個資料時，可能會花費更大的時間和精力。

另一部手機只是當陪襯的，不用繳電話費，還能夠隨時無線上網。這更彌補了傅飛揚空閒時的無聊！

當一部手機反應緩慢時，他可以用另一部手機。這也提高了他的辦事效率！

傅飛揚不用擔心在必要的時候手機忽然沒電了，如果真的發生了這種可能，他會把手機 SIM 卡取出來暫且裝在另一部滿滿是電還處在關機狀態中的手機。

幾年堅持下來，傅飛揚在穩定中前進。

去年春節前，老闆還認為他基礎最扎實、最牢固，做成了幾筆大買賣，還多發了一個月的年終獎金給他呢！

【專家剖析】

他只有一個手機 SIM 卡，卻同時在使用兩部手機，這樣的人表示工作上很勤奮。

很多讓人看起來無望的員工，透過勤奮，改觀了別人的認知，獲得了事業上的成功。

你也應該在事業上勤奮，如果你還沒有勤奮的好點子，你可以用兩部手機，一部手機裡裝著手機 SIM 卡，另一部手機裡不用裝，只留著自己使用。另一部手機就充當你背後的力量和助手，在激烈競爭的現在社會中，會讓你後勁十足！

【小提醒】

- 俗話說：「每一個成功男人的背後，都有一個默默支持他的女人。」如果你是這個「男人」，那部空卡的手機就是這個「女人」，它必須要空卡，要像綠葉一樣心甘情願、不求回報的付出。
- 如果兩部手機上都有手機 SIM 卡且正常使用，你就不會全心的投入到工作中了，你會因為你的不專心而讓你功敗垂成。
- 兩部手機要有明確的分工、「各司其職」，會讓你對具體的事情能有效的處理。

◆ 他為什麼會半夜打電話給你？

【引子】

很少有人半夜打電話給你，但忽然某一天午夜凌晨，你被一陣電話鈴聲驚起：「我中樂透了！」這時候，你還可能困惑迷離，「哦」了一聲就可能倒下又睡了。

如果在你睡得正香的時候，別人三更半夜打電話給你，說「你的妹妹病了」、「你老家遭遇不測了」……你可能立刻起床，然後穿衣、洗漱，匆匆忙忙的趕往現場。

第十二章　從神祕離奇事件還原最可能的現場

如果在你剛入睡，夜已經很深了，你的朋友這時候忽然打電話給你，你猜你的朋友最想告知你什麼？是「我睡不著，陪我喝一杯」還是「我家裡出了點事，你能過來嗎？」

【情景再現】

卡爾和皮特是好朋友，他們在一起很快樂，有什麼高興的事和什麼不開心的事從來不會隱瞞。

只是最近一段時間，卡爾發現皮特陰沉著臉。卡爾沒有追問，皮特也沒有告訴卡爾自己的心事。

一天，凌晨剛過沒有多久，卡爾正打算上床睡覺，忽然手機鈴聲響了，卡爾瞥見電話是皮特打過來的，就接通了。皮特在電話那頭哽咽不止！

「皮特，你怎麼了？說話啊！」

詢問了好久，皮特終於開口了：「卡爾，我妻子去世了！」

「你現在在哪裡？」

「市中心第一醫院！我這時候打擾你實在是不好意思！」

「胡說什麼？別著急，我一會就到。」

於是，卡爾拿著公事包就急匆匆的搭計程車去醫院了。

在醫院裡，卡爾看到皮特正一個人蹲在那裡抱頭大哭。

皮特看到卡爾來了，像不懂事的孩子一樣，哭聲更大了。

卡爾安慰傷心的皮特，問：「告訴你岳父岳母、爸爸媽媽了嗎？」皮特說：「還沒有，他們年紀大了，承受不住女兒去世的消息，尤其是在這三更半夜，更不能給他們這樣的噩耗。我本來不想麻煩你的，只是我沒有兄弟姐妹，你是我最好的朋友！」

卡爾就坐在皮特身旁，認真的聽皮特訴說。

天快亮了，皮特才把這一消息告訴了妻子和自己雙方的親人。

等一段時間過後，皮特似乎走出了失去妻子的悲傷，他對卡爾說：「幸虧你當天晚上及時趕到了，不然我可能想不開，謝謝你，卡爾！」

【專家剖析】

皮特在失去妻子的當天晚上，會首先告知是好朋友的卡爾，如果皮特有了哥哥、姐姐、弟弟、妹妹，他會第一次把消息告訴卡爾嗎？當然不會！這畢竟是他的妻子去世，這個不好的消息必然是告知身邊能承受的最近的親人。

很少有人在半夜打電話給你，告訴你一個驚天的好事，現在的資訊比以前的發達多了，在沒有什麼特殊的情況下，忽然間半夜有人和你聯絡，那一定是不快樂的事情了。

包括警察和陌生人，只要半夜打電話給你，那一定是有不快樂事與你分享。他們沒有這一方面的忌諱的！

即使是自己的親朋好友，如果午夜遇到了傷心事，也會衡量一下是否要馬上告訴你。那些和你關係不怎樣的，往往比較直接！

當然，在半夜打電話給你的，除了熟人之外，就可能是騙子了。

無論遇到了什麼事情，請保持鎮定。人在這個時間點最容易胡思亂想，你的「仇家」等也可能借題發揮。

為什麼半夜打電話給你的幾乎不是好事呢？除了你少數的親朋半夜打電話給你是好事，多數就是憂傷的事情了。

好事一般會在天亮的時候才告知你，不然一個你交情不怎樣的朋友說：「在你家樓下發現了黃金！」一般的人都會對此不理的！

千萬別寄望於午夜會行大運，那時候的來電多數是個不好的兆頭。

> 【小提醒】
>
> ・ 人在午夜時，往往是睡覺的最佳時刻，腦袋裡不是多麼清醒，這時候往往會做出讓壞人得逞的決定，所以午夜不要輕易下結論，尤其是對陌生人。
>
> ・ 不是你的妻子、丈夫和最信任的朋友，午夜說有驚喜的事情，那往往是不可能了，即使有好事情，他們第一個告知的並不是你，你就要衡量在他們心中的分量和他們的所思所想了。
>
> ・ 一般有良知的人是不會在三更半夜打擾別人休息的，除了是那些或好或壞的消息之外，一個人在半夜睡不著，想喝點悶酒、想出去散散心，也可能找上你。

◆ 為什麼他的電話打不通？

【引子】

　　有時候，你想起一個人，打電話給他，可是你收到的回覆是「對不起，你撥打的電話已關機」，有的是停機，更有甚者是空號⋯⋯

　　你著急的如熱鍋上的螞蟻，他真是沒有情義啊，這不像他的作風。

　　你懷著疑問，撥打了一遍又一遍，可是總是一樣的結果，你失望至極。

　　難道是他消失了？未必，他的電話打不通，不只有一個方面的原因。

【情景再現】

　　魏磊是一個外地的男孩，在 A 市租賃了一間公寓。之前，他也像其他的上班族一樣，每天早出晚歸。只要是在上班的時間，他的手機始終處於暢通狀態。

只是上個月，魏磊辭職了。

還沒在家裡清閒幾天，魏磊就發現手機訊號一會弱一會強，有時候連續幾個小時沒有訊號。

這是怎麼回事呢？

經打聽，整個公寓裡都是這種情況。不過，魏磊走在大馬路上卻訊號滿滿。後來，魏磊才知道，附近有不少地方在拆遷，可能是他的這個公寓在馬路邊的緣故，才避免了像那些「小巷深宅」被拆遷的命運。

也許不知什麼時候，魏磊的這個公寓就被拆遷了。

據說當地的政府需要土地，那些老舊的公寓便是首選。

能拆遷的都被拆遷了，魏磊所在的這個公寓能安然無恙是不幸中的萬幸。只是房租每個月都要漲一點，魏磊意識到，是快要搬家的時候了。

想想，沒有人每天都和自己聯絡，有的時候一個月難打一次電話。況且除了手機之外，還有其他的聯絡方式，如推特、Facebook 等。魏磊便把自己的電話關機了，他透過電腦上網和外界交流！

一天，魏磊在推特上看到一則留言，是他上一家公司的主管找他有急事。那個主管說，他打了魏磊的電話很多次了，只是始終不見接通，不知魏磊是否還在 A 市，麻煩魏磊看到留言後回覆他。

魏磊馬上在推特上說明了情況，並把手機從抽屜中取出、開機，走到離公寓不遠處的角落，回撥了電話給之前的那個主管。

果然主管找魏磊是有急事的，魏磊的「離職證明」被批准下來了，那個主管前幾天也從那一家公司辭職了。兩個人的「離職證明」同時到達了人事部那裡。

魏磊和之前的那個主管相約明天上午去公司。當然魏磊很樂意讓主管在樓下等自己，然後自己一個人搭電梯去拿兩個人的離職證明。之前的那個主管對自己很不錯，這一點小事魏磊心甘情願，還樂在其中。

第十二章　從神祕離奇事件還原最可能的現場

【專家剖析】

當一個人的電話忽然打不通的時候，必然有原因，這也會讓撥打電話者心生種種疑問。如果不明白最後的真相，各種猜疑都有可能成立。

比如，會有這些方面的可能，一是他的手機壞了，二是他把你封鎖了、不想和你聯絡，三是他的通話費不足而被停機，四是他的手機遺失了，五是他出現了人身安全的情況……

但這些只是想法，在所有的想法之中最多只有一個能「修成正果」，其他的都是渾水摸魚、湊湊熱鬧而已。

如何找出這個真實的可能？你需要找到更多的線索，先排除掉不可能的，逐一的去排除，剩下的最後一個就可能是答案。

【小提醒】

・ 在他的電話沒打通之前，請放棄你的不必要的猜疑，你可以透過其他的通訊方式聯絡他，你也可以透過第三者聯絡他，總之千萬別自己瞎猜。

・ 他的電話打不通，大部分是他沒想到你會聯絡他，或者不想和你再有聯絡，所以不要自責。

・ 那些平時很樂觀的人，如果電話不通，很可能是他這一段時間不想被人打擾，如他可能在爭分奪秒、全力以赴一件事情，而要是他的職業是作家等，他可能在閉關創作，你就應該知趣，不去打擾他了。

第十三章
從品格的修養斷定與之吻合的不二準則

◆ 偷看別人手機相簿是關心對方還是沒自信？

【引子】

在我們的手機裡，「相簿」是必須要有的，不然「相機」就無法發揮它的價值了。當遇到美麗的風景，或者是特別值得紀念的時刻，這時候就會對沒有「相機」的手機深惡痛絕。當然，這樣子的手機沒有市場！

手機裡的「相簿」，裡面保存的圖片都是我們拍攝的嗎？不！有可能來自螢幕截圖、有可能來自社群訊息、有可能來自網路圖像……

一個人的手機相簿也往往包含了他正在關注和想要留意的問題，因此，透過相簿能看出很多他的不為人知的祕密。

同時，麻煩出現了，有些人不是採用正當的手段，而是偷看對方的相簿，這背後隱含著什麼不快樂的起因？

【情景再現】

在單宇航和趙夢琪結婚之後，認為彼此之間不能再存有祕密。但妻子趙夢琪就像是一個神祕人物，在單宇航面前表現得唯唯諾諾，在他人那裡經常談笑風生。

尤其是趙夢琪迷人的外表讓單宇航放心不下，生怕一個不小心，趙夢琪就會做出對不起自己的事情。

對妻子趙夢琪，單宇航可是千防萬防啊！尤其是最近一段時間，單宇航越來越覺得妻子不對勁。

他便想到了妻子的手機，其中的相簿一定會露出蛛絲馬跡。為了生怕妻子察覺提前消除「證據」，單宇航決定在妻子最沒有防範意識的情況下，去偷看妻子的手機。

　　機會終於來了，那一天妻子去接女兒忘記了帶手機，單宇航當然很珍惜這期待已久的時刻。

　　在輕易破解了妻子的手機密碼之後，單宇航發現在妻子的相簿裡，的確有一些陌生人，單宇航捉摸不透他們和妻子是什麼關係。

　　在後來和妻子的一次溝通時，單宇航大打出手，直指她和某某某有關系，並詳細列出了她的手機裡的那些陌生男人。

　　妻子感到很委屈，說他們是女兒學校裡的教師和自己的同事。

　　單宇航不相信，在經過調查、了解之後，才發現原來是自己誤會了妻子。

【專家剖析】

　　偷看別人的手機相簿是沒自信還是很關心？如果你和他是一般的關係，或者某個你崇拜的人物的手機暫時停留在你手上，沒經過對方允許就看了他手機裡的相簿，這時候促使你看他相簿的動機往往是關心；如果你和對方的關係很好，包括戀人、朋友，在沒有徵得對方的同意下就翻開對方的手機相簿，那一定是你對自己不能夠完全相信，或者對對方失去了信任。

　　在夫妻之間，偷看對方的相簿很普遍，但會帶來兩種麻煩，一是侵犯了隱私權，二是可能會導致婚姻破裂。

　　偷看對方的相簿，也會被認為你的品格出了問題，你就會被提防、疏遠！

> ### 【小提醒】
> ・　要是能正經的看，誰還會偷看？尤其是偷看還能滿足自己不可告人的目的，這種行為是不道德的。

- 你也知道，他的相簿裡會有很多祕密，尤其是他從來不公開你想看到的照片，他的手機相簿便成了你的切入點，結果可能讓你欣慰，也可能讓你和他一刀兩斷。

- 每個人都有自己獨立的空間和自由，偷看對方的相簿就會闖入了他的「禁區」，遇到相當在意的人會對你「殺無赦」。

◆ 從握手機打字的姿勢判斷感情觀

【引子】

　　首先，我們了解一下什麼是感情觀？感情觀是我們人類對客觀存在的事物，在是否滿足自己的需求方面，所產生的一種態度體驗。

　　感情觀與態度中的意向和內向的感受，具有協調統一的特性，表現在態度在生理的基礎上的複雜和穩定。

　　至於感情觀的好與壞，我們可以從「十二星座」中去分析：

- 牡羊座的男生有挑戰、天真的感情觀，牡羊座的女生有衝動、迷茫的感情觀。

- 金牛座的男生有欣賞、伴裝的感情觀，金牛座的女生有美好、淡然的感情觀。

- 雙子座的男生有幽默、交流的感情觀，雙子座的女生有觀察、矛盾的感情觀。

- 巨蟹座的男生有家庭責任、安全感的感情觀，巨蟹座的女生有家庭理想、多愁善感的感情觀。

- 獅子座的男生有熱情、獨占欲的感情觀，獅子座的女生有自信、熱情的感情觀。

- 處女座的男生有傳統、保守的感情觀，處女座的女生有保守、糾結的感情觀。

- 天秤座的男生有細膩、模糊化的感情觀，天秤座的女生有平衡、忘我的感情觀。

- 天蠍座的男生有冷靜、黑暗的感情觀，天蠍座的女生有冷靜、黑暗的感情觀。
- 射手座的男生有夢想、自由的感情觀，射手座的女生有自由、追求的感情觀。
- 摩羯座的男生有穩定、責任的感情觀，摩羯座的女生有忠貞、隱忍的感情觀。
- 水瓶座的男生有精神交流、理想化想像的感情觀，水瓶座的女生有知己、隱忍的感情觀。
- 雙魚座的男生有多情、慵懶的感情觀，雙魚座的女生有夢幻、多愁善感的感情觀。

如何樹立正確的感情觀？建議你做到：一是處理好愛情和事業的關係，二是培養愛的能力，三是正視現實，四是換位思考，五是情景轉移，六是端正動機。

在手機的使用上，怎樣才能判斷感情觀呢？我們可以從握手機打字的姿勢去判斷！

【情景再現】

藍樂菱在媽媽的好說歹說之下，才答應去相親，但藍樂菱到約定地點時，看到男方坐在那裡用右手的大拇指扶撐手機，剩下的四指以包握的形式在手機的一側，正打著字呢！

藍樂菱轉身就走，回來後，媽媽不由分說對藍樂菱就是一頓數落。等媽媽氣消了之後，藍樂菱說：「他不是我要找的對象，我需要的是有安全感的男人，而他恰恰沒有安全感。」

媽媽說：「妳又是如何判斷他沒有安全感？」

藍樂菱便從他握手機打字的姿勢進行了剖析，並說：「像我這麼一個柔弱的女生，如果再嫁個那樣的男生，雙方都沒有安全感，不一拍而散才怪呢！」

「我看妳這就是迷信！」

藍樂菱說：「我敢打賭，他是那種秀氣的男生，他要找的對象是那種女漢子！」

媽媽覺得藍樂菱不可理喻。

但幾天後，媽媽得知，果然如女兒所料。媽媽才不得不佩服女兒的未卜先知！

【專家剖析】

在用手機打字時，如果你用左手握住手機，大拇指在手機的正前方，剩下的四指在手機的後背，那說明你有敏銳、容忍的感情觀，你有遠見，有大度寬容的心態，你的心腸很好，樂於助人，但正是因為你的這一份熱心，容易被壞人利用。

在用手機打字時，如果你用左手的大拇指扶撐手機，剩下的四指以包握的形式在手機的一側，那說明你有細膩、容忍的感情觀，你不僅工作上敬業，還做事有條不紊，值得別人信賴，但是你心慈手軟，常常會站在對方的角度考慮問題，以至於你表面上看似很剛強，有時候背地裡很傷心。

在用手機打字時，如果你用右手握住手機，大拇指在手機的正前方，剩下的四指在手機的後背，那說明你有愛恨分明、隱忍的感情觀，對是非好壞有自己的判斷，你會接近那些值得愛的人，並心甘情願為他付出，你的分析能力也很強，如果對方遇到了什麼困難，你總能為他找到一條明路，但正是因為你樂於助人、對別人的防範不強，你容易被別人所算計，即使這樣，你也是往往有苦往肚子裡吞。

在用手機打字時，如果你用右手的大拇指扶撐手機，剩下的四指以包握的形式在手機的一側，那說明你有愛恨分明、正確判斷的感情觀，你會堅守你應該堅守的人，遠離你應該遠離的人，你不愛耍心機，對未來有不錯的預知能力，但你缺少安全感，內心裡會期望能得到寄託。

【小提醒】

- 如果女生想找有安全感的對象：在用手機打字時，用右手握住手機、大拇指在手機的正前方、剩下的四指在手機的後背，這樣的人是優先選擇。

- 如果男生想找忠貞不二的對象：在用手機打字時，用右手的大拇指扶撐手機、剩下的四指以包握的形式在手機的一側，這樣的人是優先選擇。

- 可以透過一個人在日常生活中，習慣怎樣拿手機，判斷出他的真性情。

◆ 邊講電話邊愛護公共設施，表示他很無私

【引子】

總有些人，為了表示自己很有愛心，去做「善事」。但你怎麼能知道是他表演的，還是發自肺腑？

透過打電話這個小細節，你會判斷，他是不是真的無悔的付出。

【情景再現】

隨著生活水準的提高，對環境衛生也開始有所要求。如果你走在大馬路上，會看到很多不辭辛苦的清潔人員。無論是烈日炎炎，還是寒冬臘月，他們每天都會按時的清掃地面。

解晉野認為，清潔人員都是有愛心、滿滿無私的人。但一件事改變了他的看法！

有一次，解晉野在路上散步，看到一個中年的女清潔員正在認真的打掃著地面，看樣子她很敬業！

聽附近的居民說，那個女清潔員已經在這裡工作三年了，很勤奮。

解晉野認為女清潔員是一位樂於為大家服務的人，對她投以欽佩的目光。

傍晚，解晉野再一次經過這條路，看到女清潔員正在附近的一個小涼亭裡打著電話。

她一邊說著話，一邊嘴裡還吃著東西，解晉野認為她可能是在吃晚餐，就沒有過多留意。

但還沒有過一分鐘，當解晉野再抬眼看那個女清潔員時，她已不在原來的地方了。解晉野走了過去，大吃一驚，發現女清潔員剛才講電話的地方留下了很多垃圾，聰明的人都知道發生了什麼事！

解晉野頓時對女清潔員大為失望，他曾經聽過一個心理學家說：「如果在他人面前表現得很無私，一定是在掩飾著什麼，可以透過打電話時他並不在乎的行為，能知道他心裡是不是真的無私。」那麼，這個女清潔員表面上對工作兢兢業業，只是為了讓他人看到罷了，她背後亂扔垃圾，尤其是講電話時這個不經意間的行為，說明她心裡還真的不願意為他人無怨無悔的付出！

【專家剖析】

很多時候，我們在他人面前會表現自己完美的一面，例如，在主管過來時，你會很用心的工作，當主管離開後，你就可能開始放空了。你的完美只是你「裝」出來的！

我們善於偽裝，就會在各種場合下隨機應變。但在我們打電話的時候，我們的思維控制在和別人的通話中，你的心裡到底在想著什麼，會透過你的手做出什麼而看得很清楚。

如果你講電話的時候，手不停的擺弄，說明你生活上很隨意；如果你講電話的時候，手隨便折斷樹枝、丟垃圾，說明你這個人不懂得愛惜，而且鋪張浪費；如果你講電話的時候，隨手去撿別人丟棄的垃圾放到垃圾桶裡，說明你有愛心，往往會無怨無悔的付出。

只有在我們不經意間發生的行為，才是我們內心的真實顯現！

【小提醒】

· 當我們有意識、有準備的時候會「偽裝」，這讓別人難以有真切的判斷。

· 你不經意間發生的行為，如愛護公共設施，你對不是你自己的都能大愛，那麼你是個無私的人。

· 無私的人愛自己，更懂得愛那些和他毫不相干的人和事。

◆ 經常用手機購物是虛榮心所致

【引子】

衣食住行乃人們生存的根本，人們獲取這些不單單是靠自己去創造，他們需要以金錢、貨幣等換取所需要的物質。

現代社會迅速發展，人們獲得衣食住行的需求不單單是透過面對面的交流，他們會選擇在線上購物，不需要出家門，衣食住行各方面都會被及時送到。

這樣的人有什麼樣的心理呢？僅僅是因為他們的懶惰所致嗎？

第十三章　從品格的修養斷定與之吻合的不二準則

【情景再現】

王曉琳是一個新時代的都市女孩，從她的外在，別人一眼就能看出她生活得很不錯。因為她不但體重上嚴重超重，而且嘴上說在努力減肥，但各種小零食總是不斷。

她也以「吃貨」自居，她最大的夢想就是吃遍各地的風味小吃。

好在，王曉琳很跟隨時代，她對手機的熟練程度已不亞於身邊的任何一個男生，女生們更是望塵莫及。

王曉琳在手機上，最常去的就是那些購物網站了。經常會看到有快遞員把她在線上購買的貨物，成捆成捆的往她公司或者家裡送。王曉琳可謂是只須坐在那裡，什麼都會送到自己的手上啊！

有人問王曉琳為什麼要這麼做，王曉琳說輕鬆、方便啊！但王曉琳的朋友認為：「王曉琳的家庭環境其實很一般，她小時候也穿得很普通，還記得在高中的時候，她是一個青春美少女，很多人都喜歡她！後來，她不知哪根腦筋搭錯了，那體重可是反覆無常的增加，以至於她遭到了更多人的嘲笑，為了擺脫這種受冷落的心理，王曉琳只有從外在上去比較了，於是，她開始大肆花錢買穿的、用的，由於她意識到經常去購物中心用現金購物，有可能被別人說三道四，而且線上的更便宜，種類也齊全，漸漸的，王曉琳就依賴上了用手機購物，每天打扮得花枝招展，可能是想重拾以前的信心吧！」

【專家剖析】

像王曉琳的這種情況，看不得別的女生比自己美麗，而又無法改變自己胖得要命的體重，只有透過打扮來滿足自己的比較心理。

這是虛榮心所致！

每個女人都會或多或少的有些虛榮心，她們都想贏得別人的喜歡，對於別人的誇讚，無論是出自真心還是假意，她們都能夠沾沾自喜。更有甚

者，有的女人，虛榮心太過強烈，「寧願坐在 BMW 裡哭，不願坐在自行車上笑」，這樣的女人有拜金主義的傾向，她們可能一切向錢看，沒有真情實意。

有虛榮心的女人，多數會在比較中失去自我。「別人漂亮，我要比她們更漂亮」、「別人的老公有錢，我要嫁個更有錢的老公」……如此，很難有男人會對她付出真情，她身邊的女人也多數是表裡不一，這樣的女人到最後會活得不快樂。

與此同時，男人也會有虛榮心在作祟，不過，男人的虛榮心不僅僅展現在金錢方面，他們會比誰的事業做得更大、誰的老婆長得好看……男人更在乎自己的面子，比別人強，才會覺得心安理得。

但是，人比人氣死人，沒有必要在虛榮心之中毀了自我。

【 小提醒 】

- 虛榮心太強的人其品格是低劣的，這會誤導他們的人生觀、世界觀和價值觀，以至於活得冷血無情，沒有真心的朋友。
- 虛榮心的人很喜歡比較，但他不知道，有人喜歡的不是他外表的華麗，而是他內心的腳踏實地。
- 別以為烏鴉穿戴上了孔雀的羽毛就能成為孔雀，有虛榮心的人在贏得別人的羨慕之後，必然會遭到更冷酷的奚落。

◆ 傳簡訊的習慣暴露了性格的弱點

【引子】

之前，網路不是多麼發達的時候，簡訊成了我們有效的溝通工具。但隨著推特、Facebook 等的普及，簡訊在手機的使用上所占據的分量正在與日遞減。但手機簡訊不會消失的，它暴露了我們性格的弱點。

【情景再現】

幾年前，湯雲愷很熱衷於手機簡訊，他經常會用手機傳簡訊給不同的朋友。

這種尋求安慰、開心的心理，漸漸的，和他傳簡訊聊天的人越來越少。

湯雲愷會在編輯簡訊時加入一些搞笑或煽情的成分，結果被別人認為是在挑唆，有一次還和一個朋友產生了肢體上的衝突。

在大學三年級時，湯雲愷喜歡上了一個學姐，透過傳簡訊告白，那位學姐認為湯雲愷不夠有自信、缺乏勇氣，當然選擇的男朋友是另外的一個人。

還有一次，湯雲愷把別人發來的私密簡訊轉發給其他人，結果弄得裡外不是人。

更搞笑的一次，湯雲愷傳簡訊給一個暗戀的對象，簡訊發著發著，他就睡著了，對方久不見湯雲愷回覆，竟然一個多月沒有理睬湯雲愷，真讓湯雲愷百口莫辯！

所有這些，湯雲愷並不知道是傳簡訊的習慣帶來的過錯。

直至後來，湯雲愷用其他的先進工具取代手機簡訊時，他才知道，原來，傳簡訊的習慣會暴露自己的性格弱點，怪不得當時他被那麼多的人「無緣無故」的疏遠！

【專家剖析】

我們做三個測試，測試一：當你收到了發錯卻沒有惡意的簡訊時，你會怎麼辦？相信大部分的人會選擇置之不理。心理學家認為，這種人的脾氣不好，當心情好的時候，他會表現得格外的像好人；當心情失落的時候，千萬別惹他，因為他正想找人出氣。

測試二：很多人都有簡訊鈴聲，但大部分的人不會選擇手機內建的，而是自己設定。關於這種人，心理學家認為，容易陷入執迷不悟的困擾，尤其是在情感上，當失戀時會不能自拔，以至於由愛生恨，這種人會為戀人付出，當然也不惜傷害彼此。

測試三：對於以前發送或接收過的簡訊，有的人在沒事的時候喜歡翻看，有的人則很少再去翻看。心理學家認為，喜歡翻看以前發送或接收過的簡訊，這種人有優柔寡斷的性格，常常舉棋不定，前怕虎後怕狼，連到手的機會都會錯過，這種人很不明確對未來的把握，很容易被別人所操控。很少翻看以前發送或接收過的簡訊，這種人有半途而廢的缺點，常常是三天打魚兩天曬網，結果因為堅持不到底，終將一事無成。

對比以上傳簡訊的三個測試，看看你有沒有符合？如果測試一你符合了，請多站在別人的角度想一想；如果測試二你符合了，要學會放手；如果測試三你符合了，請謹慎、不言放棄！

【小提醒】

· 我們在傳簡訊的時候，會欣喜若狂，也會黯然神傷，這是我們傳簡訊的習慣所致，這些習慣暴露的是我們性格的弱點。

· 同一件事情，如果你傳簡訊，往往顯示你懦弱；如果你打電話，往往表示你積極。

> ·　經常檢查自己有沒有傳簡訊的習慣，這和推特留言、Facebook 留言一樣，同樣會暴露你逃避現實、拿別人取樂等弱點。

◆ 打電話時習慣性記下要點，有謹慎的態度

【引子】

平時你對自己打電話時的動作沒有過多在意，但你一定會對別人打電話時的小動作記憶頗深。

所謂「當局者迷，旁觀者清」，我們從別人打電話的習慣性小動作，不僅能判斷出他的品格，還能藉此反省一下自己。

【情景再現】

田雲龍的公司新來了一位同事，她叫吳珊珊，別看吳珊珊長得面若桃花，可是她不苟言笑。田雲龍認為，不久後吳珊珊會在公司裡混不下去的。因為，他們的職位要求，必須要待人熱情。

再後來，吳珊珊被分配到樓上的辦公室，田雲龍就很少和她見到面了。

讓田雲龍印象深刻的是，吳珊珊在每次打電話的時候，有記下要點的習性。

日子過得真快，轉眼就到了一年歲末。吳珊珊能夠堅持到年底，讓田雲龍不得不由衷的佩服！

尤其讓田雲龍沒有想到的是，在公司的年終大會上，總經理特別介紹了吳珊珊，對她工作上一絲不苟的謹慎態度進行了嘉獎。吳珊珊升了職，加了薪。

田雲龍最終明白，打電話時習慣性記下要點這個小動作，有著怎樣的真實含義，是他當時沒能看懂，從而低估了吳珊珊的真正實力。

【專家剖析】

在一個人打電話時，我們從其習慣性的小動作，可以判斷出他的人格。

心理學家認為，如果在打電話的時候，他的手不知道該放在哪裡，這時候他往往處在緊張不安之中。

如果在打電話的時候，他整理面前的文件，這樣的人並沒有在專心的講話，給人一種一心多用的感覺。

如果在打電話的時候，他同時還在做著毫無相干的事情，這樣的人常常會三心二意，抓不到重點。

如果在打電話的時候，他忽然要找紙和筆，這樣的人做事潦草，但會隨機應變。

如果在打電話的時候，他喜歡附帶有同步的感情動作，這樣的人品性正直、感情強烈。

如果在打電話的時候，他習慣性的記下要點，這樣的人有謹慎的態度，在做事的時候會精益求精，絕無投機取巧的小算盤，他更懂得考慮周全，但靈活性欠缺。

【小提醒】

· 從一個人打電話的習慣，能判斷出他的品格和修養所在。

· 打電話中的不同小動作，它所反映出來的人格，往往不僅有好的一面，還有壞的一面。

· 我們要從他打電話的習慣小動作中綜合分析，他值不值得我們深交，我們應該和他保持什麼樣的距離。

◆ 在任何行動之前都需要調鬧鐘的人有強迫症

【引子】

你會發現有這樣一些人，他們每做一件事情，在此之前，都要去調整好自己的手機鬧鐘。

這樣的人，他們的時間觀念很強烈嗎？

有句話說：凡事預則立，不預則廢。在任何行動之前都需要調鬧鐘的人是否是他們深刻明白原因和結果的關係？這些人會有防微杜漸、未卜先知的優點嗎？

如果你認為他是一個人才，那麼你就錯了，他有調鬧鐘的習慣並不是說明他的品格有多麼高潔。到底在任何行動之前都需要調鬧鐘，他是什麼樣的人，還是拭目以待吧！

【情景再現】

顏辰屹在念高中的時候，每天晚上睡覺之前有調鬧鐘的習慣，那時候是為了學習。開始工作之後，每週一到週五他也會提前把鬧鐘調整好，那時候是為了上班不遲到。

可是，顏辰屹已經有很多年不需要上班了。他現在發現，他每做一件事情之前都需要調整好鬧鐘，一開始，顏辰屹認為，這是良好的表現，連小學時老師都告訴他要珍惜每一寸光陰，他時時調整好鬧鐘，可能是惜時的一種現象。

但過不了多久，顏辰屹發現，他總是用手機在任何行動之前都調整好鬧鐘，而且大多數行動是毫無意義的，要是他不去調整鬧鐘，他就會情緒不安。

以至於顏辰屹整天很苦惱！

【專家剖析】

心理學家認為，在任何行動之前都需要調鬧鐘的人，他有一種焦慮的障礙，他表現的思維和行為在心理學上稱為「強迫症」。

有強迫症的人，會在一些毫無意義、甚至違背自己意願的情況下，持續去做某一件事情，雖然他意識到這種錯誤的想法和行為來源於自身，他也在想辦法去避免，但卻始終難以得到控制。

患有強迫症的人，有百分之一至百分之二的可能會終生為其困擾，他會活在龐大的壓力和焦慮，以及精神上的痛苦中，對他的工作、學習、生活、交往帶來的只是數不盡的苦惱。

強迫症一般發生在十五至四十四歲的族群，它的起因和遺傳、個性、內分泌等因素有關聯。

強迫症的人容易追求完美，對自己和他人的要求很高。

強迫症有著這幾個方面的特點：一是患病的起因來自於患者，而不是外界強加。二是患者會對其中超過一種的想法或行為抵制，但徒勞無功。三是患者如果不去抵制會更焦慮。四是患者不想看到的現象總是會反覆的出現。

我們可以從一個人在使用手機上，看看他是否在某一方面具有如上幾個方面的特點，如果他符合了，那麼，對不起，他患上了強迫症。

【小提醒】

- 並不是說只要有重複的行為就是強迫症，要避免與正常的重複行為混淆，如我們在鎖門的時候，會反覆試拉幾下以確保安全，這是正常的重複行為而不是強迫症。

- 患有強迫症的人要注意與這幾種疾病辨別：一是憂鬱症，要對原發性的症狀進行識別。二是器質性精神障礙，在診斷時對頭部核磁共振的檢查是很必要的。三是焦慮症，強迫症的焦慮有反覆行

為，而焦慮症的焦慮沒有特定對象。四是精神分裂症，精神分裂症往往不以強迫為苦惱。五是藥物引起的強迫症狀，若停藥後症狀漸漸消失則不是強迫症。

- 請檢查你是否有一件事，必須反覆去做，不做你不會心安理得，且這件事困擾了你的生活，使你感到苦惱？如果你有超過一件事存在這樣的狀態，就需要專業的醫生幫你診斷了。

在任何行動之前都需要調鬧鐘的人有強迫症

手機洩心機：

偏愛方向、擺放位置、自拍慣性、離奇事件……手機心理學揭露你從不自知的 82 種暗示

作　　著：子陽，諾瓦

發 行 人：黃振庭

出 版 者：崧燁文化事業有限公司

發 行 者：崧燁文化事業有限公司

E-mail：sonbookservice@gmail.com

粉 絲 頁：https://www.facebook.com/
　　　　　sonbookss/

網　　址：https://sonbook.net/

地　　址：台北市中正區重慶南路一段六十一號八
　　　　　樓 815 室

Rm. 815, 8F., No.61, Sec. 1, Chongqing S. Rd.,
Zhongzheng Dist., Taipei City 100, Taiwan

電　　話：(02)2370-3310

傳　　真：(02) 2388-1990

印　　刷：京峯彩色印刷有限公司（京峰數位）

律師顧問：廣華律師事務所 張珮琦律師

國家圖書館出版品預行編目資料

手機洩心機：偏愛方向、擺放位
置、自拍慣性、離奇事件……手機
心理學揭露你從不自知的 82 種暗
示 / 子陽，諾瓦著 . -- 第一版 . --
臺北市：崧燁文化事業有限公司，
2022.08
　　面；　　公分
POD 版
ISBN 978-626-332-558-6(平裝)
1.CST: 行為心理學 2.CST: 行動電
話
176.8　　111010876

定　　價：320 元

發行日期：2022 年 08 月第一版

◎本書以 POD 印製

電子書購買

臉書